* 본 글에는 허구적 요소를 더한
 사건과 대사가 포함되어 있음을 밝혀 둡니다.

별 수 있나, 버텨야지

유 강 에세이

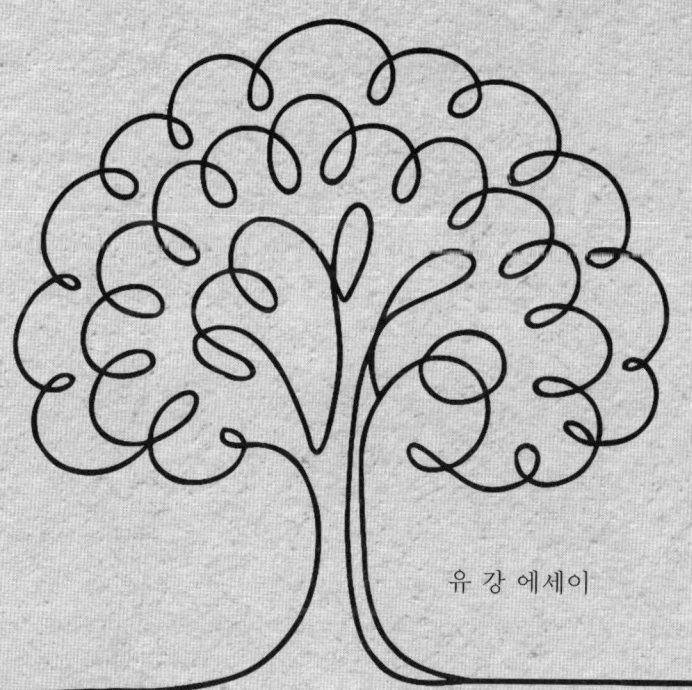

작가의 말

"세상이 무너져도 숨을 쉬는 건 나의 몫이다."

서른이 넘으면 어른이 될 줄 알았습니다. 어른이 된다는 것은 내가 하는 행동에 확신을 가지고, 삶을 또렷하게 볼 줄 알게 되는 것으로 생각했습니다.

그러나 서른이 넘어서도 여전히 저는 방황하고 있습니다. 어떤 날은 잘살고 있는 것 같다가도, 어떤 날은 도대체 내가 무엇을 하고 있는지 모르겠습니다.

어릴 때는 꿈을 좇으라고 배웠고, 20대에는 남들보다 앞서야 한다고 생각했습니다. 그러다 30대가 되고 나서야 깨달았습니다.

"결국 살아남는 것이 가장 중요하다."

일이 힘들어도, 관계가 어려워도, 돈이 부족해도, 몸이 지치고 마음이 흔들려도 어떻게든 버텨야 합니다.

살면서 수많은 선택을 해야 하지만, 어떤 순간에는 선택지가 없을 때도 있습니다. 그럴 땐 그냥 버티는 수밖에 없습니다.

이 글은 화려한 성공담이 아닙니다. 다만 삶 속에서 나를 잃지 않고, 한 걸음, 한 걸음 불투명한 미래를 향해 나아가며 깨닫게 된 경험에 관한 이야기입니다.

요즘 들어 깨닫게 된 것은 '버틴다'라는 것이 단순히 삶에서 다가오는 불행과 행복에 수동적으로 반응하는 것이 아니라는 점입니다.

오히려 그것은 크고 강한 줄기를 만들고, 풍성한 열매를 맺기 위해 땅속 깊이 뿌리를 내리는 주도적인 과정입니다.

우리는 지금 그 시간을 지나고 있습니다. 그래서 오늘도, 우리는 버팁니다.

차례

1부
인간관계

1장 고립과 독립   12
2장 나와 너   20
3장 예의범절   27
4장 차라리 주자   32
5장 Give & Take   36
6장 장점과 단점   40
7장 최고의 복수   43
8장 생일의 의미   46

2부
연애

1장 만남 중독   52
2장 사랑의 퍼즐   56
3장 사람은 못 변한다   67
4장 사랑은 변한다   74
5장 오래가는 관계   80
6장 이별   87

세상이
___
무너져도

3부

감정

1장 행복　　94

2장 외로움　97

3장 불안함　101

4장 자신감　104

5장 분노　　107

6장 결핍　　110

7장 공감　　112

8장 위로　　116

9장 간절함　123

4부

일과 돈

1장 일과 취미　128

2장 착각　　　132

3장 최선의 선택　135

4장 돈과 진심　139

5장 AI와 인간　144

6장 일과 1　　147

7장 사회생활　150

숨을 쉬는 건

나의 몫이다

5부
성공과 실패

1장 성공의 크기　156

2장 전압과 저항　161

3장 계획의 너머　164

4장 노력의 이유　167

5장 선택과 결과　170

6장 꾸준함의 비결　172

7장 성공과 실패　175

6부
건강

1장 버텨줘 내 몸아　182

2장 방전된 베터리　186

3장 그림의 떡　189

4장 루틴　192

7부

인생

1장 버틴다는 것 200

2장 어떻게 살아야 할까? 203

1장

인간관계

1장 | 고립과 독립

"혼자는 고립일 수도 있고, 독립일 수도 있다."

어릴 적 나는 혼자 사는 어른을 보면 모두 독립적인 사람이라 생각했다. 누구의 간섭도 받지 않고, 스스로 결정하며 원하는 대로 살아가는 모습이 자유로워 보였기 때문이다. '나도 언젠가는 저렇게 살고 싶다'라는 동경이 어느새 마음속에 자리 잡았다.

하지만 시간이 지나면서 생각이 바뀌었다. 혼자 산다고 해서 모두가 독립적인 삶을 사는 건 아니었다. 어떤 사람은 자신의 선택으로 고요한 자유 속에 살았지만, 또 어떤 사람은 세상과 단절된 채 외로움 속에 갇혀 있었다. 겉보기엔 비슷해도, 안에서 느끼는 감정은 전혀 달랐다.

처음 혼자가 된 이유는 '일부러'였다. 사람이 너무 피곤했다. 끝도 없이 이어지는 단체 대화방, 아무도 대답하지 않는 질문들, 모두가 다정한 척하는 모임들.

나는 핑계를 만들어 빠져나왔고, 천천히 연락을 줄였다. 혼자 있는 게 편했다. 방 안은 조용했고, 누구도 나를 방해하지 않았다. 커튼을 닫으면 시간 감각도 사라졌기에 스마트폰 알림도 모두 꺼두었다. 마치 스스로 사라진 느낌이었다.

그렇게 지내던 어느 밤이었다. 전자레인지에서 데운 밀키트를 먹다, 문득 수저를 내려놓았다. 방은 여전히 고요했다. 이상했다. 내가 원한 '고요'였는데, 어느새 그 고요가 나를 잠식하고 있었다. 마음이 평온한 게 아니라, 불안함으로 채워지고 있다는 걸 느끼기 시작했다. 창밖에는 가로등 불빛이 흔들리고 있었고, 이 세상에 사람은 나뿐인 것 같았다.

그때 마침, 오랫동안 해외 출장을 다녀온 친구에게서 전화가 왔다. 그는 한국에 막 복귀했다고 했다. 짐 정리를 하느라 어수선하고 바빴지만, 그래도 내가 생각나서 연락했다는 말에, 나도 만나고 싶다는 생각이 들었다. 우리는 다음날 약속을 잡고 바로 만났다.

"오랜만이다. 잘 지냈어?"

오랜만에 보는 친구는 여전히 밝은 얼굴이었다. 나는 반가움에 웃으려 했지만, 왠지 표정이 굳어졌다. 친구는 무언가 이상하다고 느꼈는지 물었다.

"표정이 거무죽죽한 거 보니 잘 못 지내나 보네. 무슨 일 있는 거야?"

"그냥....... 요즘 좀 사람들이 피곤해서 연락도 안 하고 있었어. 혼자 있고 싶어서. 근데 또 혼자가 되니 이상하게 답답해."

내 말을 들은 친구는 커피를 천천히 저으며 말했다.

"나도 출장 초반에 그랬어. 혼자 있으니까 편하긴 했지. 상사의 간섭도 덜하고, 아무도 내 일상에 신경 쓰지 않으니까. 그런데... 어느 순간 외로움이 무섭게 다가오더라."

나는 고개를 갸우뚱했다.
"해외 출장이면 일도 바쁘고 정신없지 않아? 오히려 사람을 더 자주 만나지 않나?"

친구는 쓴웃음을 지었다.

"처음 한두 달은 일이 많아서 바빴지. 근데 주말엔 혼자였어. 거긴 낯선 나라잖아. 말도 잘 안 통하고, 친한 사람도 없으니까. 그래도 '완전 자유다!'라고 느꼈는데...... 문제는 갑자기 크게 아플 때 생겼어."

나는 자세를 바로 하고 친구에게 시선을 집중했다.
"아팠다고?"

"응, 배탈인지 뭔지. 열도 나고, 진짜 아무것도 못 할 정도였어. 해외 병원은 보험 처리도 복잡하고, 언어도 잘 통하지 않으니 병원 갈 엄두가 안 나더라. 다행히 회사 일로 짧게 알고 지내던 현지 친구가 있었는데, 그렇게 친한 사이도 아닌데도 번역기를 돌려가며 나를 데리고 병원에 갔어. 거기서 병원비도 먼저 내주고......, 나는 너무 정신이 없어 아무것도 못 챙겼거든."

나는 그 말을 듣고 흠칫했다.
"우와. 그 사람 대단하네. 도와주기 쉽지 않았을 텐데."

"정말 고마웠지. 갑자기 밤늦게 부탁한 건데, 마다하지 않더라고. 나중에 알고 보니까 그 친구도 예전에 타지 생활하며 비슷한 상황을 겪어서 남 일 같지 않았다고 해."

친구는 잠시 미소 지었다.

"그 일을 겪고 나서 깨달았어. '아, 사람이 홀로 있고 싶어도 정말 위험할 땐 타인의 도움이 필요한 거구나'라고. 그리고 나만 도움받고 말 게 아니라, 만약 그 친구가 힘들어하면 나도 무조건 달려가야겠다는 생각이 들었어."

대화 속 친구의 진심이 느껴져서 가슴이 묘하게 뭉클해졌다. 몇 번 만나지도 않은 외국인 친구가 먼저 손을 내밀어준 일이, 이 친구에게 큰 변화를 가져다준 모양이었다.

"그래서 알게 됐어"라며 친구가 말을 이었다. "혼자 있는 시간만큼이나, 타인과 연결되어 있다는 게 얼마나 중요한지. **완전한 고립은 사실 자유가 아니라 고통에 가깝거든.** 그래서 필요할 땐 기꺼이 도움을 받고, 나도 상대가 힘들면 먼저 도와줄 수 있어야 한다고. 그게 진짜 '함께 살아가는' 거잖아."

나는 말없이 커피를 한 모금 마셨다. 예전 같았으면 '누군가가 나를 귀찮게 하는 것'이 싫었는데, 이제 와서 내 주변에 이런 친구가 있다는 게 얼마나 다행인가 싶었다.

"나도 그렇긴 해. 사람들한테 맞춰주기 싫어서 연락을 싹 끊었는데, 요즘은 오히려 그게 불안해. 뭘 해야 할지도 모르겠고. 그렇다고 갑자기 모두를 만나자니 또 피곤하고. 이러지도 저러지도 못하겠어."

그러자 친구가 고개를 끄덕이며 제안했다.

"사실 나도 모두를 똑같이 대할 순 없더라. 그래서 '이 사람은 조금만 거리를 두어야지', '이 친구는 내가 먼저 연락해도 괜찮겠지'라는 식으로 관계를 구분하기도 해. 그리고 혼자 있고 싶은 시간이 생기면, 그냥 솔직하게 '요즘에 생각할 게 많아서, 나중에 정리되면 연락 먼저 줄게, 미안해'라고 말해. 그러면 상대도 보통은 이해해 줘."

듣고 보니, 나는 지금껏 내 상황에 대해서 말을 제대로 해본 적이 없었다. 그냥 일방적으로 잠수를 탔을 뿐이었다.

친구 말대로라면, 나도 상대를 배려하면서 고립이 아니라 독립을 지킬 수 있겠다는 생각이 들었다.

"네 얘기를 들어보니까 조금 이해가 되네. 혼자 있을 땐 온전히 내 시간을 즐기고, 누군가 힘들다면 도움을 줄 수도 있고, 내가 힘들면 도움을 받을 수도 있고....... 그렇게 주고 받으면서도, 서로의 영역을 존중하는 거구나."

"맞아. 그게 딱 내가 느낀 '균형'이야. 해외에서 병원 신세 지면서 많이 배웠지. 처음엔 '누굴 귀찮게 하느니 차라리 그냥 나 혼자 참고 말지'라 싶었는데, 어느 순간엔 내가 너무 외롭고 무섭더라고. 그 친구가 없었더라면 어떻게 됐을지 생각만 해도 아찔해."

나는 친구의 눈빛에서 진심을 느꼈다. 그리고 깨달았다. 내가 지금 느끼는 이 답답함의 이유도 결국, 혼자라는 사실을 온전히 선택한 게 아니라, 그냥 모든 걸 끊고 도망친 결과일지 모른다는 것을.

'진짜 독립'은 혼자 있고 싶은 시간을 스스로 조절하되, 타인과도 '서로' 돕고 의지하며 살아갈 수 있는 여지를 남겨두는 것이 아닐까?

"고마워. 네 얘기를 들을 수 있어서 다행이야."
나는 조용히 웃으며 말했다. 친구도 웃었다.

그날의 대화를 계기로, '고립'이 아니라, 타인과 적당한 거리를 유지하면서도 함께할 줄 아는 '독립'을 배워 보기로 결심하고, 나의 고요한 방에서 나오기로 결심했다.

2장 | 나와 너

"악마의 손가락질에 눈물 흘리지 말 것."

"또 '야근'? 그렇게 무리하지 않아도 되는데. 자꾸 야근으로 열심히 한다는 표시를 내려는 건지, 아니면 원래 일이 느린 건지...... 아무튼 알아서 하세요."

새로운 과제가 시작되면서 여러 동료와 섞여 한 팀이 되었다. 초기에는 큰 무리 없이 진행되는 듯했지만, 어느 시점부터 한 상급자가 나를 대하는 태도가 신경 쓰이기 시작했다. 어떤 결과물을 제출해도 미묘하게 예민한 말투와 날카로운 비판이 계속 돌아와 마음에 걸렸다.

처음에는 '내가 제대로 못했구나'라고 생각하고, 계속해서 고민하고 수정하고 물어봤다. 그래도 가끔은 도저히 이유를 알 수 없어 답답했다.

예전 같으면 일단 피하거나 대충 넘어갔을 텐데, 이번에는 왠지 그냥 지나치고 싶지 않았다. 해외 출장을 다녀온 친구와의 대화를 통해 '고립이 아니라 독립'을 하겠다고 결심했으니, 관계에서도 조금 더 주도적으로 접근해 보고 싶었다.

고민이 깊어질 무렵, 야근을 마치고 퇴근하기 위해 자리에서 서류를 정리하고 있었는데, 같은 부서의 선배가 다가왔다. 평소에도 일 처리가 정확하고, 사람들을 대할 때 차분하고 배려심이 깊어 많은 동료들이 신뢰를 보내는 인물이었다.

"요즘 뭔가 신경 쓰이는 일이 있는 것 같아. 괜찮다면 말해 줄 수 있을까?"

처음엔 망설였지만, 이내 솔직하게 고민을 털어놓았다. 새로운 과제에서 만난 상급자가 유독 나를 불편해하는 듯한 태도를 보여서, 이유를 알 수 없어 힘들다고. 선배는 내 얘기를 차분히 듣더니 고개를 끄덕였다.

"그 상급자는 원래 누가 돋보이는 걸 좋아하지 않는 편이야. 경계심이 유난히 강하거든. 그러니 너무 자책할 필요 없어. 10명의 사람 중 2명은 이유 없이 날 좋아하고, 2명은 이유 없이 날 싫어하고, 6명은 그때그때 상황에 따라 달라진다고 하잖아? 그러니 그냥 나랑 안 맞는 2명이구나 생각하고 너무 상처받지 마."

나는 이 말을 처음 들은 듯한 표정을 지었다. 그러자 선배는 미소를 띠며 설명을 이어갔다.

"결국 '누가' 나를 싫어하는가가 더 중요할 때가 있어. 타인을 과하게 시기하거나 경쟁심이 앞서는 사람이라면, 굳이 그 미움에 일일이 상처받거나 내 잘못으로 돌릴 필요가 없다는 거지."

내 속마음을 꿰뚫어 보는 듯한 선배의 말에 나는 고개를 끄덕였다. 사실 최근 과제에서 내가 비교적 순조롭게 일을 진행해 왔고, 그 상급자가 이를 불편하게 보는 건 그의 성향 탓일 수 있다는 생각이 들었다.

선배는 잠시 말을 멈췄다가, 다른 이야기를 꺼냈다.

"사실 미움받는 상황이 다 똑같은 건 아니야. 만약 편협한 성향을 가진 누군가가 시기심 때문에 너를 싫어한다면, 굳이 전부 네 책임이라고 생각하지 않아도 돼. 그 사람이 누구든 미움받는 건 기분 나쁘겠지만, 그런 경우는 '네가 틀렸다'기보다 '그 사람이 감당 못 하는 마음'일 가능성이 크거든. 반대로 진짜 현명하고 존경할 만한 사람이 너를 싫어하거나 불만을 드러낸다면, 오히려 좋은 기회로 삼는 게 좋아. 그 불만이 어떤 문제에서 비롯된 건지 살펴보고, 네가 개선해야 할 부분이 있다면 바꾸려고 노력하는 거지."

나는 선배 말을 들으며, 이 상급자가 과연 '편협한 태도'에 기인한 것인지, 아니면 '현명하고 존경할 만한 사람'의 불만인 건지 곰곰이 생각해 보았다. 솔직히 말해, 그 상급자가 감탄할 만큼 공정하고 큰 그릇을 가진 인물이라는 느낌은 받지 못했다. 어쩌면 나는 불필요한 시기심에 괜히 상처받고 있었는지도 몰랐다.

선배는 또 다른 일화를 조심스럽게 꺼냈다.

"나도 예전에, 정말 존경하던 상급자에게 큰 꾸중을 들은 적이 있어. 처음엔 '왜 나만 혼나야 하지?'라고 억울했는데, 돌아보니 내가 업무 과정을 꼼꼼히 챙기지 않아 팀에 부담을 준 부분이 있더라고. 그걸 깨닫고 다시 준비를 철저히 했더니, 나중에 그 상급자가 내게 와서 칭찬해 주셨어. '이제 제대로 이해하고 일하네. 앞으로도 기대할게'라고."

나는 그 이야기를 듣고, 현명하고 존경할 만한 사람의 미움은 나를 돌아보게 하는 기회가 될 수 있겠다는 점을 확실히 느꼈다. 그 선배는 혼이 났을 때 억울해하며 불만만 품은 게 아니라, 오히려 문제를 개선해 결국 칭찬으로 돌려받은 셈이니까.

"그래서 그 후로, 누군가가 날 미워하거나 불편해할 땐, 먼저 그 사람이 어떤 가치관을 가진 사람인지를 살피게 됐어. 정말 능력 있고 괜찮은 사람이 내 행동을 지적한다면, '내가 놓친 점은 없었나?'라고 고민해 보는 거고, 반대로 시기와 편견에 사로잡힌 사람이 나를 미워한다면, '저건 내 문제가 아니라 그 사람의 문제일 수 있겠구나'라며 선을 긋는 거지."

나는 선배의 말을 들으며, 이번에 나를 불편해하는 상급자와의 문제를 떠올렸다. 어느 쪽에 더 가까울까? 그 상급자가 과연 나에게 배울 점을 일깨워주는 존재인지, 아니면 시기심에 사로잡힌 사람인지?

아직 명확한 결론은 내리지 못했지만, 적어도 한 가지는 확실했다. 더 이상 '내가 전적으로 잘못했나?'라고 자책하지 않겠다는 것이다. 그리고 혹시나 그 상급자가 지적하는 부분 중 내가 진짜로 고쳐야 할 것이 있다면 돌아보고 개선하면 된다.

며칠 뒤 업무 회의 자리에서 상급자는 여전히 무뚝뚝했지만, 이전에 지적받은 것은 개선하고 그 이외 감정적이라고 생각하는 부분에서는 동요하지 않았다. 그리고 회의가 끝난 후, 같은 회의에 참석했던 선배가 다가와 말했다.

"오늘 잘했어. 문제가 있으면 깔끔하게 인정하고 고치려는 태도가 좋더라. 지난번보다 훨씬 나아졌어."

그 한마디가 묘하게 힘이 됐다. 자책하거나 불안해하던 시간을 개선과 성찰의 계기로 바꾸니, 그 변화가 곧바로 피드백으로 돌아온 것이다.

밖으로 나오니, 어느새 해가 뉘엿뉘엿 지고 있었다. 건물 밖을 오가는 사람들, 각자 다른 고민과 기쁨을 안고 살아가는 사람들의 모습이 눈에 들어왔다.

누군가에게는 내가 좋은 동료이자 친구일 것이고, 또 누군가에게는 거슬리는 존재일지도 모른다. 그 모든 감정을 일일이 통제할 수는 없다.

그래서 사랑받는 게 중요한 게 아니라, 누구에게 사랑받고 있는가가 중요하고, 미움받는 걸 아파하기 전에, 누구에게 미움받고 있는가를 아는 게 중요했다.

악인의 사랑은 내가 어쩌면 잘못된 방향에 서 있다는 신호일 수 있고, 선인의 미움은 자신을 돌아봐야 할 반성의 이유일 수 있다.

3장 | 예의범절

"예의는 신뢰를 만들어 내는 가장 오래된 기술이다."

"안녕하세요. 좋은 아침입니다."

특별할 것 없는 말. 누구나 할 수 있는 인사. 이상하게도 그 말이 그에게서 나오면 회사에 '출근했다'라는 기분이 들었다. 하루 루틴의 시작을 알리는 인사를 받으면 묘하게 마음이 편해졌다. 대단한 친절이 아니라, 불필요한 긴장을 걷어내는 태도였다.

그가 예의 바르다고 느낀 적은 많았지만, 그게 그저 습관이 아니라 선택이라는 걸 깨달은 건 함께하는 회의가 있을 때였다.

분위기가 묘하게 날을 세우던 순간이었다. 누구의 말도 끝까지 이어지지 않은 채 말꼬리가 잘리며 공기는 경직되었다. 그때 그가 조용히 말했다.

"잘 들었습니다. 다들 상황이 급해서 힘들어하시는 것 같아요. 그런데 이 부분에서, 제가 조금만 덧붙여도 될까요?"

순간, 긴장이 살짝 풀렸다. 그 한마디가 회의를 다시 대화의 장으로 바꿔었다. 그는 이런 특유의 대화 방식으로 분위기를 협조적으로 바꾸는 경우가 많았다. 특히나 무례하게 구는 사람 앞에서조차 차분함을 유지하는 태도가 대단하게 느껴졌다.

어느 날 회의가 끝난 뒤, 점심 시간에 함께 밥을 먹으며 그에게 물어봤다.

"어떻게 매번 그런 식으로 갈등을 줄이면서도 할 말은 다 하는 거예요? 솔직히 대단해 보여요."

"대단한 건 아니에요. 그냥 예의를 지키려고 하는 거죠."

'예의'라는 단어가 나온 것은 예상 밖이었다. 요즘은 차라리 직설적이고 솔직한 태도가 더 효율적이라고 말하는 경우가 많으니까.

내가 "무례한 상대에게 예의를 지키면 오히려 내가 만만하게 보여 손해 보는 건 아닐까요?"라고 묻자, 그는 고개를 저으며 말했다.

"상대가 무례하다고 저도 똑같이 맞서면, 둘 다 감정 소모만 커지고 상황이 더 꼬이기 쉬워요. 반면 제가 예의를 유지하면, 화를 내느라 힘 빼지 않아도 되고, 주변에서도 '저 사람은 감정적으로 휘둘리지 않네'라고 보게 되죠. **결국 예의는 상대만을 위한 게 아니라, 저 자신을 지키는 수단이기도 해요.**"

"무리한 요구를 해도요?"

"물론 무리한 요구까지 들어줄 필요는 없었습니다 '죄송하지만, 그건 어렵습니다'처럼 예의를 갖춰 단호하게 거절하면, 아무도 나를 무례하다 탓할 수 없고, 뜻도 분명히 전달되니까요."

그와의 대화를 통해, 인간관계 속에 예의범절이 필요한 이유에 대해서 조금은 알게 되었다.

우리는 타인을 완전히 이해할 수 없다. 가까운 가족이라도, 친구라도, 연인이라 해도. 말과 표정, 행동만으로 추측할 뿐이고 그마저도 자주 틀린다. 그래서 우리는 늘 조심하게 된다. 상처를 줄까 봐, 상처받을까 봐.

그 불안함을 줄이기 위해, 우리는 예의범절이라는 이름의 안전망을 만들었다.

그건 서로를 이해하지 못한 채 살아가는 우리를 위한 질서이자 약속이었다. 처음 보는 사람에게 인사를 건네고, 누군가의 말을 끊지 않고 기다려 주고, 식사 자리에서 먼저 수저를 들지 않는 일들. 그 모든 사소한 행동에는 사실 이런 뜻이 담겨 있다.

"나는 너에게 해를 끼칠 의도가 없다."
우리는 함께 살아야 하는 존재이면서도, 서로를 잘 모른다. 그 모호함 속에서 신뢰를 만드는 방식이 바로 '예의'다.

예의를 보인다고 해서 내가 어떤 사람인지를 완전히 보여 줄 수는 없어도, 적어도 상대를 존중하고 있다는 마음은 전할 수 있다.

형식이 답답하다고 말하는 이들도 있다. 틀이라는 건 불편하고, 어쩔 땐 가식처럼 느껴지기도 한다. 하지만 형태가 없으면 혼돈만 남는다. 형태 속에서 우리는 처음 만나고, 거리를 재고, 조금씩 가까워진다.

나는 여전히 예의라는 형태를 통해 내 마음을 안전하게 전달하는 법을 배우는 중이다.

예의는 관계의 문 앞에 놓인 작은 종과 같다. 그 종을 울리고 나서야 비로소, 진짜 친밀함의 문을 열 수 있다.

4장 | 차라리 주자

"주는 사람은 스스로를 잃지 않는다."

"이 자료 정리를 어떤 식으로 보고하면 좋을까요?"
 다른 회사에서 이직해 온 동료가 있었다. 같은 부서에서 일했기에, 나는 그에게 도움을 주는 일이 잦아졌다. 바쁜 와중에 보고서를 작성해야 한다고 하면, 야근을 마다하지 않고 PPT를 만드는 법을 알려 주거나 데이터를 대신 정리해 주곤 했다. 그가 "정말 고마워요"라고 말해 줄 때마다, 나도 충분한 보람을 느꼈다.

 하지만 어느 날, 내 일도 급해 손이 모자랐을 때 그에게 "혹시 도와줄 수 있냐"라고 물었더니, 그는 바쁘다며 자리를 피했다. 며칠 뒤에는 아무 일 없다는 듯 다른 일을 부탁해 왔고, 내 마음은 점점 무거워졌다.

 '그동안 내가 해 준 게 얼마인데....... 조금이라도 보답하는 성의를 보여야 하는 거 아닌가?'

그렇게 생각하자, 도움을 주면서 느꼈던 따뜻함 대신 '돌려받지 못한다'라는 서운함이 커졌다. 예전엔 오롯이 보람만 있었는데, 이젠 서운함과 실망이 앞섰다. '이번에도 나만 주다 끝나는 건 아닐까?'라는 마음에, 정작 도움을 주고 싶어도 망설이게 되었다.

그러던 어느 날, 우연히 기부 활동가로 유명한 인물의 인터뷰를 보게 되었다.

"많은 분이 '그렇게 많이 기부하면 나중에 보답받을 수 있느냐'고 물어보세요. 그런데 사실 기부라는 건, 내가 선택해서 주는 거지 돌려받기 위한 계약이 아니거든요. 남이 어떻게 받아들이든, 그건 제 영역 밖의 일이죠."

마치 내 마음을 읽은 듯한 말에 귀를 기울였다.

"저는 기부를 통해 제가 원하는 '삶의 방식'을 실천할 뿐이에요. 그리고 그 순간 저는 이미 제가 줄 수 있는 걸 줬다는 사실만으로도 충분히 행복해집니다."

짧은 인터뷰였지만, '주는 것과 받는 것은 별개'라는 한마디가 내 상황에 꼭 들어맞았다.

처음부터 내가 그 동료를 도운 건 어디까지나 내 선택이었다. 그 순간 이미, '도와주는 행위' 자체로 보람을 느끼고 있었다. 그런데도 어딘가에선 '나도 언젠가는 도움을 받을 수 있겠지'라는 은근한 기대가 있었다. 그 기대가 어긋나자 서운함이 밀려온 것이었다.

결국 내가 느낀 실망은 '받지 못해서'가 아니라 '기대가 깨져서'였다. 그 깨달음에 마음이 조용히 흔들렸다.

받는 건 상대의 마음에 달렸지만, 주는 건 내 마음에 달려 있다는 사실이 선명해졌다. 내가 무언가를 주기로 결정했다면, 거기까지가 바로 내 영역이며 내 의지로 할 수 있는 전부였다. 만약 그 뒤에 돌아오지 않아도 실망한다면, 처음부터 '돌려받을 기대'를 보태서 준 것과 다름없었다.

이제는 상대가 정말 필요로 하는 순간 내가 마음을 건넸다면, 그것만으로 충분하다고 생각한다. 그때 느꼈던 감정적인 보람은 이미 내가 받은 것이니까.

받는 것은 기다려야 하지만, 주는 것은 내가 선택할 수 있다는 사실도 잊지 않으려 한다. 주는 쪽은 능동적인 태도이고, 주는 삶의 주체 역시 언제나 '나'에게 있기 때문이다.

결국, 주는 것은 단지 누군가를 위한 행동에 그치지 않는다. 내가 어떤 삶을 살고 싶은지를 직접 선택하는 방식이기도 하다. **그리고 주도적으로 삶을 선택을 하는 사람은 스스로를 잃지 않는다.**

5장 | Give & Take

"누구에게나 손익의 저울이 있다. 다만, 그 저울에 보이지 않는 마음의 무게도 올려놓을 수 있는 사람이 진정한 셈을 할 수 있다."

대학교 졸업을 1년 앞둔 때, 친구의 집안 형편이 갑자기 기울어 월세를 못 낼 지경에 이르렀다. 다른 친구들은 각자 형편이 빠듯해 선뜻 돈을 빌려주기 어려워했다. 다행히도 나는 아르바이트로 모아둔 돈이 있었고, 또 이 친구와는 오랫동안 가까이 지냈기에 도와주기로 주저 없이 결심했다.

"부담 가지지 말고 써. 천천히 갚으면 돼. 자취방 빼야 하면 학교생활이 힘들잖아."

"정말 고마워. 내가 꼭 갚을게……."

나는 "월세가 밀리면 방을 빼야 한다"라는 그의 말을 듣고, 그냥 "차라리 내가 줄 테니 다음에 상황 나아지면 생각해 봐"라고 대답했다.

물론 돈만큼은 꼭 받겠다는 생각도 있었지만, 무엇보다 친구가 학교를 그만두는 일만은 막고 싶었다. 다행히 학비는 학자금 대출로 해결할 수 있었다고 했다. 졸업 후, 친구는 원하던 좋은 회사에 입사했고 월급이 들어올 때마다 조금씩 내게 돈을 돌려주었다.

"너 덕분에 마지막 일 년 잘 버텼어. 이제야 빚을 갚네."

하지만 그러면서도 그는 "아직 그때의 고마움은 다 못 갚았다"라고 말했다. 정작 나로서는 '아니, 돈이면 충분하지 뭐'라고 대수롭지 않게 여겼지만, 친구는 그 빚이 단순한 금전이 아니라 '마음의 빚'이라고 느꼈던 것 같았다. 그 이후로 우리 사이는 더 끈끈해졌다.

몇 년 뒤, 나는 갑자기 직장이 이전하는 바람에 급하게 이사를 해야 했다. 그런데 시기가 워낙 임박해서 보증금을 맞출 돈이 부족했다. 부모님도 넉넉한 형편은 아니셔서 돈을 빌려달라고 말하기 곤란했다. 이리저리 돈을 마련할 방법을 고민하던 중, 친구가 내 이야기를 전해 듣고 연락이 왔다.

"내가 그때 마음 빚 못 갚았다고 했잖아. 지금이 딱 갚을 때네."

나는 "아, 괜찮아. 너도 자리 잡느라 돈 쓸 일이 많을 텐데……"라고 사양했지만, 친구는 "이럴 때 쓰라고 모은 돈도 있고, 무엇보다 너 아니었으면 내가 대학 졸업 제때 못 했을지 모른다"라고 대답했다. 결국 나는 그 친구에게 도움을 받았고, 무사히 보증금을 마련해 늦지 않게 이사할 수 있었다.

몇 달 뒤, 이전 집의 보증금을 돌려받고, 월급을 조금 보태서 친구에게 빌린 돈을 갚았다. 이번에도 금전적으로 말끔히 마무리된 셈이었다. 친구는 웃으며 이렇게 말했다.

"내가 힘들 때 네 덕에 학교 계속 다닐 수 있었던 걸 생각하면, 이 정도론 어림도 없어. 더 해 줘야 하는 마음의 빚이 남아 있는 기분이야."

그 순간, 나는 바로 '눈에 보이지 않는 주고받음'이라는 말을 떠올렸다. 내가 그를 도왔고, 그가 나를 도왔지만, 단순 1:1로 계산해 끝낼 수 없는 '정(情)' 같은 게 남아 있었다.

우리가 서로를 도왔던 장면을 생각해 보면, 처음에 월세를 빌려 줄 때도, 그리고 나중에 내가 돈을 빌릴 때도, 그 뒤에 상대방이 언제 갚아 줄 거라는 확신이 있었던 건 아니다.

각자의 상황에서 '친구를 도와주고 싶다'라는 마음으로 움직였다. 그리고 이 마음은 훗날 돌고 돌아, 결국 서로가 더 단단한 사이가 되도록 만들었다.

물론 돈 자체는 서로 깔끔히 주고받았지만, 그로 인해 생긴 감정의 주고받음은 결코 단순히 0과 1로 정리되지 않았다. 관계의 균형은 단순히 눈에 보이는 주고받음만으로 판단할 수 없다. 무엇을 주었고, 무엇을 받았는지 뿐만 아니라 그 안에서 어떤 감정이 오갔는지도 알아야 한다.

겉으로는 내가 더 많이 주는 것 같아도, 그 안에 기쁨과 만족이 있다면, 이미 나 역시 받은 것이다. 눈에 보이는 균형만 따지다 보면, 감정의 주고받음을 놓치게 된다. 그리고 그런 관계는 오래 가지 못한다.

이러한 보이지 않는 감정의 흐름까지 읽을 수 있을 때, 우리는 비로소 건강한 관계를 맺게 된다.

6장 | 장점과 단점

"반짝이는 면에 시선이 닿으면,
모난 테두리는 흐릿해진다."

 사람은 누구나 단점을 가지고 있다. 어떤 사람은 말이 너무 많고, 어떤 사람은 지나치게 조용하다. 누군가는 성격이 급하고, 또 다른 누군가는 지나치게 느긋하다.

 하지만 어떤 사람의 단점은 쉽게 넘어가고, 어떤 사람의 단점은 결정적인 약점이 된다. 그 차이는 무엇일까?

 그것은 단점을 덮어줄 만한 강한 장점을 가지고 있는가, 아닌가의 차이다.

 대학교에 다닐 때, 한 친구가 있었다. 그 친구는 디자인을 정말 잘했다. 간단한 과제 PPT를 만들어도 보는 사람 눈을 확 사로잡을 만큼 감각이 좋았다.

폰트, 색상, 레이아웃까지 손길이 닿는 곳마다 특별해졌고, 발표할 때도 그가 디자인한 시각 자료 덕분에 점수를 더 받는 경우가 많았다.

그런데 문제는, 협업이 너무 힘들었다. 연락이 잘 닿지 않고, 회의도 자주 빠졌다. 자료를 취합하자고 하면 늘 마감 직전에 보내주고, 팀 단체 톡방에서도 대답이 거의 없었다. 급하게 물어봐야 할 일이 있어도 질문이 씹히기 일쑤였다. 그때마다 '다 같이 하는 건데 왜 저러지?'라는 마음이 들었다.

이상한 건, 그럼에도 다음 조를 짤 때 또 그 친구에게 맡기고 싶다는 사람이 많았다는 거다.

"걔 좀 무뚝뚝하긴 한데, 디자인 진짜 잘하지 않냐?"

"우리 과에서 PPT는 걔가 최고지."

결국 사람들은 그의 무뚝뚝함이나 뜸한 응답보다, 결과물의 퀄리티를 더 중요하게 여겼다. '같이 일하기 편한 사람'은 아니었지만, '함께하면 이기는 사람'이었던 거다.

물론 성격까지 좋았다면 금상첨화였겠지만, 육각형처럼 모든 면이 완벽한 사람은 드물다. 우리는 특별한 성과를 위해서는 한 가지 확실한 강점이 있는 사람이 팀에 꼭 필요하다는 사실을 안다.

비슷한 사례는 주변에서 쉽게 찾을 수 있다. 유머 감각이 뛰어난 사람은 실수해도 가볍게 넘길 수 있다. 일에 대한 열정이 넘치는 사람은 성격이 다소 투박해도 인정받는다. 한 분야에서 압도적인 실력을 가진 사람은 사회성이 부족해도 존경받는다.

사람들은 단점이 있어도, 강한 장점을 가진 사람에게 끌린다. **강한 장점이 있다면 사람들은 그 장점을 중심으로 바라보기 때문이다.**

그래서 내가 가진 단점이 무엇인지 고민하기보다는, 내가 어떤 장점을 가지고 있는지, 그리고 그 장점을 더 키울 수 있을지를 고민하는 것이 더 효과적인 방법이라고 생각한다.

7장 | 최고의 복수

**"나를 가볍게 여긴 이 손길이,
나중에는 나를 잡으려 애쓰게 하리라."**

누군가 내 마음을 무시하거나, 나를 함부로 대했던 기억은 오래 남는다. 상처를 준 사람에게 되갚아주고 싶고, 얕잡아 봤던 사람에게 "그땐 잘못했었다"라는 사과의 말을 듣고 싶은 마음이 들기도 한다.

예전엔 나도 그랬다. 받은 만큼 돌려줘야 복수라고 생각했다. 하지만 지금은 생각이 조금 달라졌다. 한 친구의 이야기가 계기가 됐다.

학창 시절, 조용한 친구가 한 명 있었다. 항상 웃는 얼굴이었고, 누구에게든 친절했다. 화를 내는 모습을 거의 본 적이 없을 정도로, 차분한 사람이었다.

하지만 그런 모습 때문에, 동급생 사이에서 가볍게 여겨지기도 했다.

체육복을 빌려 가서 돌려주지 않는다든지, 숙제를 도와달라고 해놓고 감사 인사조차 안 한다든지.

그 친구는 괜찮다고 웃어넘겼지만, 그 상황을 지켜볼 때 입장으로는 안타까웠다. 왜 저렇게까지 참고 웃는 걸까 싶을 정도였기 때문이다.

시간이 꽤 흐른 뒤, 오랜만에 나간 동창회에서 그 친구를 다시 만났다. 그는 자신만의 회사를 운영하고 있었고, 업계에서는 꽤 이름이 알려진 사람이 되어 있었다. 말투와 태도는 여전히 친절했다.

하지만 사람들은 조심스럽게 말을 건넸고, 대화 속에서도 예전과는 다른 존중이 느껴졌다. 똑같은 사람이지만, 사람들이 대하는 태도는 완전히 달라진 것이다.

그 친구는 누구를 겨냥하지도, 복수를 말하지도 않았다. 다만 자신의 길을 흔들림 없이 걸어갔고, 그 걸음들이 차곡차곡 쌓여 사람들의 태도를 바꿨다. 예전엔 가볍게 여겨졌던 사람이, 어느 순간 조심스럽게 대해야 할 사람이 된 것이다.

그날 이후, 나는 복수를 다르게 생각하게 되었다. **복수는 상대를 해치는 것으로 이루어지는 게 아니라, 나 자신을 넘어서 변화하는 것으로 이루어진다.**

달라진 모습으로, 분명하게 나의 성장을 증명하는 것. 그게 바로, 최고의 복수인 것이다.

8장 | 생일의 의미

**"생일 케이크의 촛불을 끄기 전에,
그 불을 밝혀준 사람을 생각해 본 적이 있을까?"**

 보통은 생일이 다가오면, 자연스럽게 기대하게 된다. 축하 메시지, 선물, 특별한 하루. 마치 세상 모든 것이 내 탄생을 기뻐해 주어야 하는 날처럼 느껴지기도 한다. 그래서 생일이 되면 축하를 '받는' 것이 당연한 듯 행동했다.

 하지만 한 번도 생각해 본 적이 없었다. 내가 세상에 태어난 그 날이 누군가에게는 가장 고통스러운 날이었다는 것을.

 학생 시절에, 친한 친구와 생일이 며칠 차이 나지 않았다. 생일도 비슷하니, 주말에 함께 모여 파티를 하자고 제안했다. 그러자 친구는 고개를 저으며 말했다.

 "난 생일에 항상 어머니와 시간을 보내."

이해가 되지 않았다.
"왜? 생일이면 친구들이랑 놀아야지."

친구는 조용히 웃으며 말했다.
"내 생일은 어머니가 가장 큰 고통을 견디셨던 날이야. 그래서 난 생일마다, 어머니와 함께 식사하고, 감사 인사를 드려."

그 말을 듣고, 머리를 한 대 맞은 기분이었다. 충격과 부끄러움, 그리고 깨달음.

그날 밤, 혼자 많은 생각을 했다. 나는 한 번이라도, 생일이 단순히 축하받는 날이 아니라 누군가의 희생이 있었기에 존재하는 날이라고 생각해 본 적이 있었을까?

생일엔 축하 받는 입장이었고, 그것이 너무 당연하게 느껴졌다. 하지만 그날을 위해 가장 힘든 시간을 보낸 사람은 정작 내가 아니라, 어머니였다. 나는 생일마다 감사의 자리가 아니라 축하받기만을 원하지 않았던가. 그 깨달음이 부끄러웠다. 그리고 감사함에 대해 다시 생각하게 되었다.

'나는 감사할 줄 아는 사람일까?'

그 후로 생일을 맞이하는 마음이 달라졌다. 이제 생일은, 축하받기만 하는 날이 아니라, 내가 존재할 수 있도록 해주신 어머니에게 감사하는 날이 되었다.

이제는 생일이면 먼저 어머니께 연락한다.

"엄마, 나 낳느라 고생 많았어요. 그리고 정말 고마워요."

2장

연애

1장 | 만남 중독

"비교에 익숙해질수록, 받아들이는 힘은 약해진다."

'입이 두 개라면 어떨까? 그렇다면 이 친구는 한 입으로는 밥을 먹고, 한 입으로는 어제의 무용담을 쉬지 않고 늘어놓을 수 있었을 텐데.'

하지만 그는 내 걱정과는 달리 먹는 것과 말하는 것을 동시에 하는 신기한 재주로 말을 이어갔다.

그는 어제 소개팅에서 만난 사람 이야기를 꺼냈다. 저번 주와 똑같이 이야기를 들었다. 입으로는 먹고 귀로는 들을 수 있었으니까. 그는 저번 주와 똑같은 이야기를 꺼냈다.

"말투는 괜찮았고, 옷은 아쉬웠고, 리액션은 너무 많았고."

밥이 반쯤 비어갈 즈음, 그는 어제 두 번째 소개팅 상대에 대해 '대화할 땐 오히려 첫 번째보다 낫더라'라며 대놓고 점수를 매겼다.

그 순간, 내가 웃고 있었는지 인상을 찌푸렸는지는 기억나지 않는다. 그저 마음 한쪽이 서늘하게 식는 걸 느꼈다.

'사람을 이렇게 만난다는 건 대체 어떤 감정으로 가능한 걸까?'

"괜찮은 사람을 찾으려면 많이 만나야 한다"라는 말을 의심한 적은 없었다. 하지만 그날을 기점으로 믿을 수 없게 되었다.

그 이유는 아마 처음 시도해 본 카레 우동 때문일 것이다. 학기가 시작된 저번 주, 이 시간에는 내가 좋아하는 돈까스와 쫄면을 먹고 있었다. 그래서 먹느라 집중해서 무슨 말을 하는지 제대로 듣지 못했다. 하지만 이번에 시킨 카레 우동의 느끼한 맛 때문에 식사에 도저히 집중할 수 없었고, 결국 임자를 찾아 배회하던 내 집중은 그가 하는 말을 낚아채 버렸다.

어느새, 그는 밥을 다 먹었다. 입을 방해하는 음식물이 없어지자, 입이 두 개인 것처럼 이야기를 쏟아냈다.

"이건 좀 아쉽고, 이건 내 기준에 안 맞고, 다음 사람은 괜찮으려나 싶고."

'카레 우동에 밥을 비비면 조금 덜 느끼할까?'라는 생각으로 밥을 비빈 덕에 다시 처음 양으로 돌아간 그릇을 망연자실 바라보며, 입이 두 개 달린 그의 이야기를 계속 들었다.

그의 이야기를 계속 듣다 보니 그는 점점 사람을 '만나는' 게 아니라, '분석하고' 있었다. 첫인상은 몇 초 안에 판단됐고, 말투나 제스처, 대화의 박자 같은 것들이 마치 머릿속에 체크리스트의 항목을 체크해 나가는 것처럼 새겨진 것 같았다.

다른 사람을 만날 기회가 많다는 건, 역설적으로 한 사람에게 오래 머무를 이유가 줄어든다는 뜻이기도 했다. 조금이라도 마음에 들지 않으면 그는 돌아섰다. **그 마음의 회전 속도가 빨라질수록, 관계는 점점 가볍고 얕아졌다.**

나는 그가 '사람을 고르는 법'은 익숙해지고, '사람을 알아보는 법'은 잊어가고 있다는 걸 느꼈다. 그는 결국 누구도 온전히 받아들이지 못하고 있었다.

비교의 눈으로 보면, 모든 사람은 '다음 후보자'가 될 수밖에 없으니까.

문득, 관계는 그렇게 고르고 비교하는 게 아니었으면 좋겠다는 생각이 들었다. 그리고 내가 누군가와 진짜 연결되길 원한다면 많이 만나는 게 아니라, 제대로 만나는 법을 배워야 한다는 깨달음이 다가왔다.

관계는 선택지가 아니다. 사람은 정리되지 않는다. 생활기록부처럼 요약할 수 없는 감정들이 있고, 처음엔 조금 어색했지만, 나중엔 익숙해서 좋아지는 사람이 있다.

결국 다 먹지 못한 카레 우동 사건 이후, 나는 사람을 만날 때에는 숫자가 아니라 깊이에 집중하기로 했다. 넘치는 소개팅보다, 조용한 대화 한 번이 더 가치 있다고 믿기로 했다.

사람을 많이 만나서 알 수 있는 건 '조건'이지만, 사람을 오래 만나야 알 수 있는 건 '마음'이니까.

그리고 나는 '마음'이 이어지는 관계를 원했다.

2장 | 사랑의 퍼즐

"내가 부서졌다고 여겼던 곳으로, 너는 다정히 들어왔다."

"5명씩 조를 이뤄서 과제 발표 준비해 오세요. 이번 학기 성적은 발표로 평가합니다."

새 학기가 시작되었다. 강의실마다 조별 과제 안내문이 붙고, 팀의 구성원을 꾸리라는 교수님의 지시에 모두가 분주해졌다.

늘 그렇듯, 나에게 '팀플'이란 최소한의 의무만 다하면 되는 일이었다. 나는 규칙에 묶이는 걸 싫어하고, 자유롭게 발상을 펼치길 좋아하는 편이다. 이런 성격은 '학점'만 따면 되는 팀 과제에서는 별로 도움이 되지 않는다. 이럴 때, 목소리를 높여 의견을 내봤자, 미움을 받거나 귀찮은 사람 취급을 받을 뿐이었다.

그런데 이번 조별 과제는 달랐다. 첫 조별 모임에서 마주한 그녀가 있었기 때문이다.

그녀는 처음부터 빈틈없이 자료를 정리하고, '책임'과 '원칙'을 중시하는 말투로 전체적인 틀을 잡아 가는데, 다른 팀원들은 부담을 느꼈는지 말을 삼키거나 뒤로 물러섰다.

나는 이상하게도, 그 모습이 답답하기보다는 '내 의견을 어떻게 생각할까?'라는 호기심이 피어올랐다.

며칠 후, 과제 때문에 늦게까지 학교에 남았다. 시계를 보니 밤 열 시 가까이 됐고, 대부분 식당이 문을 닫을 시각이었다. 슬슬 집에 가야겠다고 생각하는 순간, 그녀가 내 옆으로 다가왔다.

"이 시간에 열려 있는 곳이....... 없겠죠? 혹시 배 안 고파요?"

사실 별로 배고프진 않았다. 보통은 밤늦게 누가 밥을 먹자고 하면 거절하는 편이었다. 그런데 그녀가 먼저 말을 건네니, 왠지 같이 가고 싶었다.

"어... 좀 시장기는 있는데, 마땅한 데가 없어서 그냥 집에 가려 했어요."

그녀가 살짝 미소 지으며 답했다.

"24시간 하는 햄버거집이 하나 있더라고요. 지금 뭔가 안 먹으면 밤에 잠이 안 올 것 같아서. 같이 갈래요?"

사실 패스트푸드를 그렇게 좋아하는 편도 아닌데, 그날은 이상하게 "좋죠! 같이 가요"라는 대답이 선뜻 튀어나왔다.

밤늦은 시각인데도, 햄버거 가게는 부자연스럽다 생각이 들 만큼 조명이 밝았다.

"치즈버거 세트 먹을래요?"라고 먼저 그녀가 권해서 나는 별다른 고민 없이 "네. 좋아요"라고 답했다.

원래라면, 나는 여러 메뉴를 번갈아 보며 '독특한 걸로 한번 먹어 볼까?'라는 생각으로 안 먹어 본 메뉴만 골라 시켰을 것이다. 그날은 그녀는 어떤 맛을 좋아할지 궁금해서 골라준 메뉴를 주문했다.

햄버거를 먹으면서, 과제 얘기부터 취향이나 일상사까지 대화를 나눴다.

보통은 내가 먼저 털어놓지 않는 편인데, 그녀는 상대가 말하도록 만드는 힘이 있었다. 진지하게 "어떤 생각이에요?"라고 먼저 질문하고 나의 대답을 들어주는데, 그 집중받는 느낌이 조금 부끄러웠지만 싫지 않았다.

그 덕에 내가 좋아하는 책이나 스스로 내성적이라 느끼는 점, 그 때문에 생긴 소소한 어려움까지 털어놓게 됐다.

그녀의 "그렇구나"와 같은 짧은 대답은 묘하게 '괜찮다, 네가 그렇다고 해서 이상하지 않아'라는 시선으로 바뀌어 나에게 전달하는 것 같았다.

햄버거를 거의 다 먹어갈 무렵, 무심결에 물어본 것 같은 질문이 날아들었다.

"평소에 책 많이 읽어요? 발표할 때 뭔가 깊이 생각하는 사람처럼 보였는데."

"음... 사실 글 쓰는 걸 좋아해요. 말로 풀어내는 건 잘 못해서, 사람들이 '이 녀석 뭘 생각하는 거야?'라고 종종 느끼는 것 같아요."

그녀는 고개를 끄덕이며 "그게 궁금했어요. 말은 많지 않은데, 은근히 재미있는 시선을 갖고 있잖아요"라고 답했다.

나는 별다른 대답을 하지 않았지만, 왠지 모르게 마음이 편안해졌다. '이 사람, 내가 늘 감춰 왔던 부분을 이해하려고 하는구나'라는 안도감이 스며들었다.

매장을 나설 즈음, 시곗바늘은 어느덧 11시를 넘어 있었다. 피곤하긴 했지만, 이상하게 그 짧은 대화 시간이 아쉬웠다. 밖으로 나오자, 매장의 밝은 조명이 멀어지면서 밤공기가 선명해졌다.

"오늘 재밌었어요."

그녀가 웃으며 말했다. 나는 자연스레 고개를 끄덕였다.

"저도 덕분에 편하게 얘기했네요."

그 이후, 조별 과제나 다른 수업 발표를 함께하면서 그녀와 자연스레 자주 마주쳤다.

봄 햇살이 교정 끝까지 번지던 오후, 학내 축제 준비위원회 미팅을 위해 한 강의실에 모였다. 오래된 책상들 사이로, 학생들이 아이디어 노트를 펼쳐 놓고 각자 제안을 쏟아냈다.

나는 늘 그렇듯 재밌을 것 같은 이벤트를 생각하고 있었다.

"스마트폰 대신, 아날로그 편지를 쓰게 하는 부스는 어떨까요? 축제 기간 동안 익명으로 편지를 받은 다음에 마지막 날 모아서 전시하기 같은."

주변에서 '재밌겠다'와 '요즘 시대에 편지라니'라는 반응이 엇갈릴 무렵, 그녀가 조용히 손을 들었다

"...좋은데, 예산 문제와 보안이 걱정이네요. 분실 가능성도 있고. 내용을 검수해야 할 수도 있을 것 같아요."

처음엔 반대만 하는 줄 알았는데, 이내 이어진 말에 나는 살짝 놀랐다.

"그래서... 전용 우체통을 학과 사물함에 들어갈 사이즈로 만들어서, 매일 저녁에 사물함에 넣어서 보관하는 거예요. 마지막 날 공개 전에 한 번씩 확인할 시간도 잡으면 좋고요."

그걸 듣고, 나는 생각했다. '아, 나랑 완전 정반대 성향 같은데....... 의외로 내 아이디어를 지지해 주네.'

그래서 '편지 부스'라는 아이디어를 함께 완성해 갔다. 내 머릿속의 '재밌을 것 같은 도전에 대한 열정'을 그녀가 '구체적인 계획'으로 받쳐 준 셈이었다.

그 순간, 마음 한구석에서 '딸깍' 소리가 났다.

'이 사람과 같이 있으면 즐거울 것 같아.'

축제를 준비하며 밤낮없이 연락하다 보니, 우린 자연스레 사귀게 됐다.

나는 원래 마음속 불안이 많지만, 그녀가 '천천히, 하지만 확실하게. 난 여기 있으니까'라는 식으로 나를 안심시키는 타입이었다.

가끔은 버팀목이 되어 주는 느낌에 나도 모르게 의지하게 됐다.

반대로 그녀는 감정을 쉽게 드러내지 않았는데, 때때로 내가 '이건 이렇게 튀게 해 보자!'라는 깜짝 아이디어를 보여주면, '정말 그런 걸 해도 되는구나?'라며 마음에 작은 불꽃을 피워 가는 눈치였다.

서로 다른 성격이 맞아떨어지는 순간이 많았다. 그 덕분인지, 축제가 끝난 뒤에는 "우리 방학에 해외여행 가 볼래?"라는 말이 자연스레 입에서 나올 정도로 서로를 믿고 의지하게 됐다.

축제를 마치고 한 달쯤 뒤, 우리가 고른 여행지는 바르셀로나였다. 종강 날짜에 맞춰 비행기 티켓을 끊고 과감히 떠났다.

도착한 다음 날, 따스한 저녁의 노을 아래에서 광장에 모여든 현지 버스커들이 악기를 연주하고 있었다. 그리고 사람들이 음악에 맞춰서 삼삼오오 춤을 추고 있었다. 그 길을 지나치던 우리는 자연스럽게 멈춰 섰고, 음악에 빠져들었다.

"와, 이 분위기...... 너무 좋다."

나는 주체할 수 없는 즐거움으로 그녀의 손을 살짝 잡아끌었다.

"우리, 같이 춤이라도 출까?"

늘 '튀는 행동'을 서슴지 않는 내 모습에, 그녀는 잠시 당황한 표정을 지었다. "이런 건 쑥스러워......"라고 작은 목소리로 중얼댔지만, 손을 놓진 않았다. 오히려 한 발짝 앞으로 같이 나아갔다.

공연 중인 악사가 우리에게 환한 미소를 보내고, 주변에서 춤을 추는 사람들도 늘었다. 평소 규칙과 책임을 중시해 모험을 꺼릴 법한 그녀가, 오늘은 오히려 '여행중이고, 네가 있으니까 괜찮겠지'라는 눈빛이었다.

"이렇게 춤추는 건 처음이라 창피해도... 재밌네."

그녀가 작게 속삭인 순간, 내 심장이 울렸다.

공연이 끝난 뒤, 우리는 길가 옆 카페에 앉아 스무디를 마시며 잠시 쉬었다. 아무 말 없이 빨대를 휘젓다가 동시에 웃었다.

"막상 시작하니까 잘 추던데? 즐거워 보여서 나도 더 신나게 춤췄네."

그녀가 고개를 끄덕였다.

"응. 사실 '책임지고, 규칙 지키는' 게 몸에 뱄거든. 그러다 보니 감정은 자꾸 눌렀어. 그런데 널 보면서, '나 이렇게 해도 되는구나'라고 생각이 들더라. 생각보다... 재밌었어."

나는 미소를 지었다.

"나도 그래. 난 늘 과감하긴 해도, 솔직히 '이러다가 실패하면 어떡하지?'라는 불안감이 컸거든. 그런데 네가 그 빈틈을 채워 주는 느낌이 들어. 너랑 하는 모든 것들이 안심되면서도 신나."

그녀가 "내가 뭘 해 준다고……"라며 웃었지만, 눈빛은 반짝였다.

우린 서로 망설이는 부분을 자연스레 메워 주고 있구나'라는 생각이 들었다.

그날 저녁, 광장으로 돌아오니 어스름이 깔린 거리에서 또 다른 버스킹 공연이 펼쳐졌다. 이번엔 굳이 무대로 뛰어들지 않아도, 구경만으로도 즐거웠다. '함께라서 채워지는 부분'이 있다는 안도감 때문이었을지도 모른다.

아직은 서로를 알아가는 중이다. 축제 부스를 함께 기획하며 연인으로 발전한 것도, 이번 바르셀로나 여행에서 느낀 이 신선한 순간도, 삶의 일부에 불과하다.

하지만 분명한 건, 우리가 함께 있을 때 나의 결핍이 안정되고, 그녀의 결핍이 자유로워진다는 사실이다. 그게 서로 다른 모양이 겹쳐서 완성해 가는 사랑의 과정이 아닐까 생각이 들었다.

3장 | 사람은 못 변한다

"변화를 믿는 건 희망이지만, 본성을 믿는 건 지혜다."

"이제 와서 뒤집으면 어떡해? 준비 다 해 놨는데, 그러면 처음부터 다시 해야 하잖아."

그녀는 화난 목소리로 말했다. 나는 일단 멈칫했다. 다음 주가 학내 학술제 발표였다. 내 쪽은 '더 파격적인 형식으로 바꿔 볼까?'라는 생각에 몹시 들떠 있었다. 그런데 그녀가 '왜 이래?'라는 투로 나를 쏘아보자, 순간 불쾌감이 밀려왔다.

"아니, 조금만 더 재밌게 할 수 있을 것 같아서. 우리가 늘 뻔한 발표만 하진 않았잖아."

하지만 그녀는 짧게 한숨을 쉬었다.

"물론 새로운 건 좋지. 근데, 항상 그걸 너무 늦게 떠올리니까 문제야. 정작 준비는 언제, 누가 해?"

우린 이번에도 같은 팀이 되었다. 나는 평소 즉흥적이고 자유롭게 아이디어를 뚝딱 내곤 하는 스타일이고, 그녀는 차분하게 자료를 모아 꼼꼼하게 준비하는 쪽이었다. 그동안은 그게 시너지가 된다고 믿었지만, 이번엔 마감이 가까운 상황에서 그녀도 예민해졌다.

"대체 왜 항상 마감 직전에 갑자기 바꾸려 해? 이미 ppt랑 자료 정리 다 해 놨는데......."

나는 '뭐가 문제야?'라고 되묻고 싶었지만, 마음 한 켠에선 '내가 좀 무리한 스케줄로 진행하긴 하지'라고 느꼈다. "우리 뻔한 건 싫어하잖아. 조금만 더 기발하게 하면 더 좋지 않아?"라고 애써 변명했지만, 그녀는 고개를 가로저었다.

언뜻 보면 우린 전혀 다른 성격 같다. 나는 창의성에 집착해, '한번 해 보고 싶다'라는 마음을 꺾기 싫어한다. 그녀는 안정과 일관성을 지키려, 막판 변경에 극도로 예민하게 반응한다.

하지만 사실, 둘 다 '결정적인 순간엔 완강'하다는 공통점이 있었다. 그래서 강의실 한쪽에서 작은 말다툼이 커졌다.

"왜 매번 네 방식대로 막판에 뒤집으려 하냐고! 나도 감정이 있다고."

"아니, 너도 왜 내 열정을 자꾸 꺾으려 해? 맨날 '안정'만 찾다가 놓치는 기회가 얼마나 많은데!"

목소리가 높아질수록, '절대 안 바뀌는 부분'이 부딪치는 게 느껴졌다. 나는 낯선 불안을 숨기려 목소리를 더 높였고, 그녀도 속에 쌓인 답답함을 쏟아 냈다.

싸움 후, 그날 밤 우린 연락 없이 흩어졌다. 평소 같으면 갈등이 생겨도 곧장 메시지를 주고받으며 화해했지만, 이번엔 둘 다 '왜 내가 바뀌어야 하지?'라고 생각하느라 고집을 꺾지 않았다.

나는 기숙사 방에서 뒤척이며 "차라리 다른 팀원이었으면 이렇게까지 말싸움 안 했을 텐데"라고 투덜거렸다. 그러다 '결국 이번에도, 우리는 안 맞는 걸까?'라는 생각에 허무했다.

그녀 역시 혼자 서류를 다시 꺼내 들고, "어쩜 저 사람은 매번 마감 직전에 돌발행동을 할까. 고칠 생각도 없나……"라며 한숨을 쉬었으리라.

연애를 하다 보면, 누구나 이런 생각을 한다.

"이 부분만 고치면 완벽할 텐데."

"내가 조금 더 노력하면, 이 사람도 변하지 않을까?"

하지만 시간이 지나면 사람은 쉽게 바뀌지 않는다는 걸 깨닫게 된다. 사랑에 빠진 순간엔 단점조차 귀엽게 보이지만, 시간이 흐르면 그 사람이 가진 고유한 성격과 습관이 하나씩 드러나고, 그 중엔 나와 충돌할 요소도 반드시 생긴다.

상대를 바꾸려 애쓰는 순간 관계는 무거워진다. 그 사람도 나처럼 오랜 시간 쌓인 삶의 방식과 태도가 있기 때문이다. **어쩌면 그 단점은 그 사람의 오늘을 있게 해 준 중요한 요소일 수도 있다.** 그리고 한두 마디 말이나 요구로 쉽게 없앨 수 있는 게 아니다.

다음 날, 우린 어정쩡하게 학교 카페에서 다시 마주쳤다. 말없이 앉아 있으니, 시간이 꽤 흘렀다. 그러다 내가 먼저 입을 열었다.

"어제 미안. 마감 다가오는데 갑자기 바꾸려 해서. 근데, 나 원래 이렇게 즉흥적이야. 내가 애쓰면 바뀔 수 있나? 솔직히 잘 모르겠어."

그녀가 천천히 고개를 끄덕였다.

"응, 네가 그걸 바꿀 순 없겠지. 나도 안정감 깨지는 거 못 견뎌. 사실 이건 내 고집이라는 거 알지만....... 아마 쉽게 안 바뀔 거야."

몇 초간 침묵이 흘렀다. 보통 이런 대화면 '우린 안 맞아' 라는 결론이 날 법했다. 그런데 우린 서로 '그래도 이 사람은 싫지 않아'라는 사실을 알고 있었기에, 묘한 공감이 생겼다.

"막상 생각해 보면 네 아이디어, 싫진 않거든. 재밌고 결과물도 색달랐잖아."

"그리고 나도, 네가 없으면 기획이 참신해도 완성도가 낮아져. 결국 네가 꼼꼼히 챙겨 주니까."

나는 피식 웃었다.

"사람은 못 변해. 우린, 결국 같은 단점으로 자꾸 부딪히겠지."

"맞아. 그런데... 다르기 때문에 둘이 있으면 즐겁잖아.
우리 성격은 안 바뀌겠지?"

"그러겠지. 그래도 네가 꼬부랑 할아버지 될 때까지 같이 있고 싶은걸."

"나도 네가 꼬부랑 할머니가 될 때까지 같이 있고 싶어."

우리는 서로의 말에 빙그레 웃었다. 어제의 날 선 분위기가 거짓말처럼 사라졌다.

우린 서로 바꾸려 하지 않고, 이대로 받아들이기로 했다. '있는 그대로 서로를 안아 주겠다'라는 다짐이었다.

그날 이후, 갈등이 생길 때면 절반은 체념(?) 비슷한 수용과 절반은 유연하게 타협하게 됐다. 그러자 신기하게도 '나의 성격'과 '그녀의 성격'이 서로 크게 충돌하지 않고도 공존할 수 있음을 알게 되었다.

만약 '너무 힘들어 도저히 못 견디겠다' 싶으면, 관계를 다시 생각하는 것도 서로를 위한 방법일 수 있다.

하지만 '약간 불편해도, 그래도 함께 있고 싶다'라는 마음이 더 크다면, 서로가 원래 가진 모양을 크게 훼손하지 않고도 함께할 방법을 찾아가야 한다.

그리고 이렇게 서로의 마음을 믿고, 다르게 쌓인 시간을 맞춰가는 과정이 사랑을 더 단단하게 해주는 과정일지도 모른다.

4장 | 사랑은 변한다

"사랑이란, 감정이 지나간 자리를
믿음으로 채워가는 일이다."

'이번 주 주말엔 칼국수 먹겠네.'

주말에 비가 온다는 걸 확인하고 속으로 생각했다. 그리고 토요일 아침에 그녀에게서 메시지가 왔다.

"오늘 비 오는데, 오후쯤 만나? 칼국수 집 갈래?"

연애를 시작하고, 3년이란 시간이 흐르는 동안 우리는 대학을 졸업하고 각자 다른 직장에 들어가 바쁘게 지냈다.

평일엔 회사가 멀리 떨어져 있어 매일 보긴 힘들다. 퇴근하고 밤늦게 메시지를 주고받다가, "주말에 볼까?"라고 이야기를 꺼내면 어느덧 토요일이 돼 버리는 식이다.

예전 같으면 하루만 안 봐도 허전했는데, 이젠 서로 사정도 알고, 딱히 "왜 이렇게 연락 없어?"라며 타박할 일도 없다. 설렘은 줄었어도, 덜 불안해진 건 사실이다.

그녀의 메시지를 보고 나는 피식 웃었다. 예전엔 뭘 먹을지 서로 고민하면서 맛집을 찾아봤지만, 이제는 날씨별로, 계절별로 서로 뭘 먹고 싶어 하는지 알고 있었다.

오후 늦게 혼자 쓰기엔 큰 우산을 들고나와, 먹자골목에서 그녀를 기다렸다. 그녀는 나를 보자마자, 우산을 자연스럽게 접고 내 우산으로 들어오며 팔짱을 꼈다.

서로 "요즘 회사 어때?"와 같은 인사를 주고받으며, 곧장 국숫집으로 향했다. 대학생 때 자주 가던 곳이었다. 식당 안은 여전했다. 그리고 우리가 하는 주문도 여전했다.

"매운 거 하나, 안 매운 거 하나 주세요."

조금 있다가 칼국수가 나왔고, 그녀가 면을 후루룩 먹다가 국물을 떠먹으려 내 그릇으로 살짝 숟가락을 뻗었다. 나는 자연스럽게 그릇을 그녀 쪽으로 밀었다.

그녀는 면은 매운 걸 좋아하지만, 국물은 담백한 걸 먹고 싶어 했다. 그래서 나는 늘 안 매운 국수를 시킨다.

국수를 먹는 동안, 대화는 길지 않았다. 회사 업무 얘기를 조금, 주중에 있었던 소소한 사건 얘기를 하다가 가끔 조용해졌다. 예전 같으면 '왜 말이 없지?'라며 신경 썼을 텐데, 이젠 그냥 서로 면을 먹는 소리만으로도 편안하다.

문득, 대학 시절에 매일 붙어 다녔던 우리가 떠올랐다. 그때는 매 순간 '네가 안 보여서 걱정이야'라며 불안해했는데, 이젠 일주일에 한 번 보는 주말 데이트로도 괜찮았다.

확실히 설렘은 줄어들었는데, 그럼 사랑하는 마음도 줄어든 걸까? 아니면 익숙해져서 못 느끼는 걸까? 하는 생각이 들었다.

국수를 다 먹고 나와, 우산을 쓰고 옛날에 자주 가던 카페로 이동했다. 비가 제법 내려서, 둘 다 말없이 걸음만 맞추다가 카페에 들어갔다.

'2층에 신호등이 보이는 창문 자리가 비어있으려나?'

2층 창가 자리는 사람 구경을 좋아하는 그녀가 좋아하는 자리다.

"창가 자리 비어있다! 저기 앉자."

그녀가 작게 웃으며 총총걸음으로 걸어갔다.

그녀가 자리에 앉자, 나는 따뜻한 라떼를 주문했고, 가지고 오면서 그녀의 라떼에 시럽 한 펌프를 넣었다. 그녀는 창밖을 바라보고 있었다.

신호등 색이 바뀔 때미다 사람들이 가던 길을 멈추고 건너는 장면이 눈에 들어왔다.

바쁜 출근길이 아니라서인지, 우산을 든 사람들도 여유롭게 느껴졌다. 우리 관계도 이처럼 한 번 서고, 다시 가는 과정을 반복해 온 게 아닐까.

처음엔 온종일 붙어 다니며 설렘을 즐겼고, 한때는 다툼에 휘말려 서로 바뀌길 바라고도 했고, 이젠 서로 바뀌지 않아도 괜찮다는 걸 알았다. 그리고 떨어져 있어도 별 불안 없이 주말을 기다릴 줄 알게 됐다.

'사랑이 식었다고 말하기도 뭐하고, 권태기인가 생각하기엔 이상하게 외롭지 않고 든든해.'

그런 생각에 잠겨 있을 때, 그녀가 갑자기 컵을 내려놓았다.

"나, 이런 익숙함이 좋아. 예전처럼 매일 통화 안 해도, 떨어져 있어도 별로 불안하지 않고....... 그래서 네가 더 좋아진 것 같아."

그 말에 잠시 심장이 '쿵' 하고 울렸다. 뜨겁게 두근거리는 건 아니었지만, 따듯한 느낌이 심장 깊은 곳에서 퍼지는 느낌이었다.

"나도 그 생각하고 있었는데. 설레이는 건 줄었지만, 편안하고 행복한 느낌이야. 진짜 서로 꼬부랑 할머니 할아버지 될 때까지 이렇게 쭉 살 것 같아."

우리는 서로의 눈을 보며 웃었다.

3년 전만 해도, 하루에 여러 번 전화하고, 작은 말투 하나에도 설렜다. 요즘은 평일엔 바빠서 가끔 메시지만 주고받는 수준이다. 그래도 주말에 만나면 계절마다, 날씨마다 다르지만, 익숙한 풍경이 이어진다. 그리고 그 풍경은 '우린 괜찮다'는 믿음을 안겨 준다.

우리의 사랑은 변했다.
설렘이 편안함으로.
질문이 익숙함으로.

그리고 설렘이 지나간 자리에 외로움 대신 편안한 신뢰가 깃들었다는 게, 우리 시간을 더 행복하게 하는 이유다.

5장 | 오래가는 관계

"사랑은 감정으로 피어나고, 태도로 자란다."

"이제 어떡할 거야?"
그녀가 떨리는 목소리로 내게 물었다.

나는 길바닥을 멍하니 바라보았다. 여행 첫날, 불과 10분도 안 된 사이, 내 가방이 사라져 버린 것이다. 거기엔 여권, 카드, 현금, 호텔 키까지 전부 들어 있었다.

그녀와 처음으로 바르셀로나에 왔을 땐 우린 막 사귀기 시작했었고, 뭐든 뜨겁게 몰두하던 시절이었다. 나는 즉흥적인 성격 탓에 아무 골목으로나 휙 들어가도 재밌었고, 그녀는 안정을 추구하는 성격이라 나를 잔소리하듯 챙겼지만 결국 즐거운 사건들로 가득했다.

우리는 그때의 설렘과 즐거움을 추억하기 위해 각자 휴가를 맞춰서 다시 왔다. 그런데 첫날부터 소매치기라니. 나는 순간 '아, 망했다'라는 생각뿐이었다.

"너 여권이랑 카드, 전부 거기 있었잖아."

그녀가 이마를 짚었다. 예전 같으면 "내가 그래서 위험하다고 했잖아!"라며 목소리를 높였을 텐데, 지금은 큰 소리 대신 어찌할지 같이 고민하는 분위기였다.

우리는 La Rambla 거리를 벗어나, 호텔 쪽으로 터덜터덜 걸었다. 한낮이었는데 정신이 너무 없었다. 나는 내내 "미안"이라는 말을 삼켰다. 그녀도 잔뜩 긴장한 표정으로 조용히 앞을 봤다.

그녀가 작게 중얼거렸다.

"가방 놓고 사진 찍자고 했을 때, 내가 말렸어야 했는데……"

"아냐. 나도 골목 안쪽은 괜찮다고 느슨하게 생각했어."

이따금 부딪히던 시선에서 알 수 있었다. 그녀는 불쑥 짜증이 올랐겠지만, 놀랐을 나를 위해 참고 있었다.

"여권 없으면 여행은커녕 돌아갈 수도 없는 거 아닐까?"

나는 숨을 내쉬며 말했고, 그녀는 안정된 목소리로 말했다.

"아니야. 아까 검색해 보니까 경찰서에 분실 신고하고, 영사관에 가면 임시 여행 증명서를 발급 받을 수 있대."

"그래? 그나마 다행이다."

집에 돌아갈 수는 있다고 해도, 여행을 망친 건 사실이다. 그녀에 대한 미안함과 나에 대한 자책이 밀려들어 왔다.

그리고 그녀는 자책하고 있는 나에게 날 선 말 대신에, 손을 꼭 잡아 줬다.

프런트에서 "가방을 도둑 맞았다"라고 말하자, 직원은 그녀의 여권을 확인하고 키를 다시 만들어줬다. 방으로 올라가는 엘리베이터에는 적막과 좌절이 새어 나왔다.

터벅터벅 방에 들어서자 그녀가 침대 옆 선반에 놓인 물건을 발견했다.

"……이거, 네 여권 아냐?"

눈을 비비고 보니, 내 여권이 거기 있었다.

나는 얼이 빠진 채 이리저리 살폈다. 예약한 레스토랑에 가려고 서두르다가, 여권을 두고 그냥 나온 것이었다. 나는 기쁜 마음에 헐레벌떡 여권을 집었다. 그리고 툭하고 카드가 떨어졌다.

"어……. 여기 카드도 있는데?"

카드도 그 여권 사이에 들어가 있었다. 공항에서 손이 부족해서 여권이랑 카드를 주머니에 넣어둘 때, 여권 속으로 카드가 들어갔던 것 같다.

"그럼 도둑맞은 건 현금이랑, 호텔 키 정도였던 거네."

"으하하……. 십년감수했네. 이제 어쩌나 했는데."

그녀가 그제야 짐짓 화난 표정을 지으며, 내 어깨를 팡팡 쳤다.
"으이구. 너 때문에 얼마나 놀랐는데!"

헛웃음이 났다. 어마어마한 일이 벌어진 줄 알았는데, 내 부주의로 벌어진 일이, 내 부주의로 인해 해결 된 것이다.

"미안해. 액땜했다 생각하고....... 열심히 놀자!"

많이 놀랐고, 기분도 상했을 것이다. 그런데도 끝까지 감정적으로 나를 비난하면서 책망하지 않았다. 마음이 안도가 되니 그런 그녀의 배려가 더 크게 느껴졌고, 고마웠다.

다행히(?) 이 모든 해프닝이 1시간 만에 끝나서, 우리는 예약해 둔 식당에 제시간에 갈 수 있었다.

식사를 마치고 밖으로 나오니 도시의 밤거리는 이미 활기를 띠기 시작했다. 버스킹 음악이 골목을 타고 흘렀고, 군데군데 사람들이 삼삼오오 춤을 추고 있었다. 나는 그녀의 손을 살짝 잡아끌었다. 그녀는 미소 지으며 내 손을 따라왔다.

처음 이곳에 왔을 때도, 그녀와 나는 춤추는 사람들을 보고 즐거워했고, 또 분위기에 힘입어 그들과 섞여서 같이 춤을 췄었다. 그리고 그때의 경험을, 그 감정을 같이 추억할 수 있는 우리로 남아 같은 장소에서 다시 춤을 추고 있었다.

춤이 끝나고, 그녀가 숨을 고르며 말했다.

"하루 종일 정신없었는데, 춤추고 나니까 진짜 여행 온 느낌이야."

그녀가 작게 웃었다.

그녀의 웃음을 보니, 대학생 때 축제가 끝나고 바르셀로나에서 뜨겁게 달렸던 순간, 취업 후 서로 일정이 엇갈렸던 나날, 작은 갈등들을 해결해 온 과정이 머릿속을 스쳐 지나갔다.

처음에는 조금만 문제가 생겨도 울컥할 만큼 예민했지만, 이젠 서로가 어떤 지점에서 불안해하는지, 언제 화를 내고 싶은지를 알기에 크게 부딪히지 않는다. 그게 익숙함이 되었고, 배려가 되었다.

나는 그녀의 손을 가만히 쥐고, 군중 사이에서 조금 벗어나며 낮은 목소리로 말했다.

"예전엔 기분 내키는 대로 덤벼들었는데, 요즘은 뭔가... 서로 맞추는 게 자연스러워진 것 같아."

나는 헛웃음을 지으면서도, 마음 한 켠이 따뜻해지는 걸 느꼈다.

"그래도 익숙함이 무심해진다는 뜻은 아니니까 다행이지. 눈빛만 봐도 뭐 필요한지 알 수 있잖아."

그녀가 고개를 끄덕였고, 우리는 짧은 웃음을 교환했다. 작열하듯 뜨겁진 않아도, 이런 편안함이 더 단단하다는 걸 새삼 깨닫는 순간이었다.

나는 다시 그녀와 발을 맞춰 걸었다. 저 멀리서 흐르는 버스킹 음악이 우리를 배웅해 주는 느낌이었다.

6장 | 이별

**"시간이 지나면 괜찮아진다지만,
그건 익숙해졌다는 말일 뿐이다."**

공항이란 참 이상한 곳이다. 누군가는 설레며 도착하고, 누군가는 아무 말 없이 떠난다.

그날의 우리는 떠나는 사람도, 배웅하는 사람도 아닌, 그저 끝을 말하기 위해 도착한 사람들이었다.

그녀는 멀리서 걸어왔다. 손에는 여권과 탑승권이 들려 있었고, 익숙하지만 낯설어진 얼굴이 보였다.

나는 어색하게 미소 지었다.

"시간 좀 남았네."

그녀는 고개를 끄덕였다.

한참을 그렇게 서 있다가, 내가 먼저 말했다.

"우린 그냥... 다른 나라에서 살게 된 거야. 사랑이 식은 것도 아니고, 잘못한 것도 아니고."

그녀는 조용히 웃었다.

"응. 근데 그런 게 더 아프더라."

언제나처럼 그녀는 맞는 말을 했고, 나는 동의했다.

정말 아프다.

외로움이 우리를 괴롭힌 게 아니라, 함께 할 수 있는 미래가 없다는 사실.

함께 꾸릴 공간이, 거리상으로도, 현실적으로도 사라졌다는 것.

사랑보다 현실이 더 가깝게 다가 왔다는 것.

우리는 붙잡지 않기로 했다.

붙잡으면 서로가 더 미워질 것 같았고, 애매하게 이어지면, 끝내 어느 한쪽이 지치고 말 거란 걸 우리 둘 다 알고 있었다.

그녀는 천천히 짐을 들었다.

"잘 지내."

그건 '안녕'이라는 말이었고, 잘 지내라는 건 이제 서로의 삶에서 낯선 타인이 된다는 뜻이었다.

우린 너무 잘 알고 있었다.

나는 그녀를 안아주었다. 아주 짧게.

그리고 아무 말도 하지 않고 고개를 끄덕였다. 그녀가 줄을 따라 사라지고, 나는 사람들 사이에서 멍하니 서 있었다.

누구도 울지 않았고, 소리치지 않았다. 오직 현실만이 그 자리에서 우릴 조용히 떼어냈다.

그리고 그렇게, 우린 끝났다. 사랑은 남았지만, 함께할 수 있는 미래가 사라진 순간에.

사람들은 늘 영화 같은 사랑을 꿈꾼다. 운명처럼 만나, 극적으로 사랑하고, 해피엔딩처럼 함께 남는 서사를.

나는 아직 그런 해피엔딩을 경험해 보지 못했다.

좋아하는 마음은 그대로인데, 우린 서로의 삶을 맞출 수 없었다.

같은 도시에 살지 못했고, 시간은 점점 어긋났고, '결혼이냐, 커리어냐'의 갈림길에서 우린 말없이 서로의 곁에서 한 걸음씩 물러났다.

오늘도 그 사람이 잘 지내는지 궁금하지만, 애써 묻지 않는다.

이젠 물을 수 없는 사이니까.

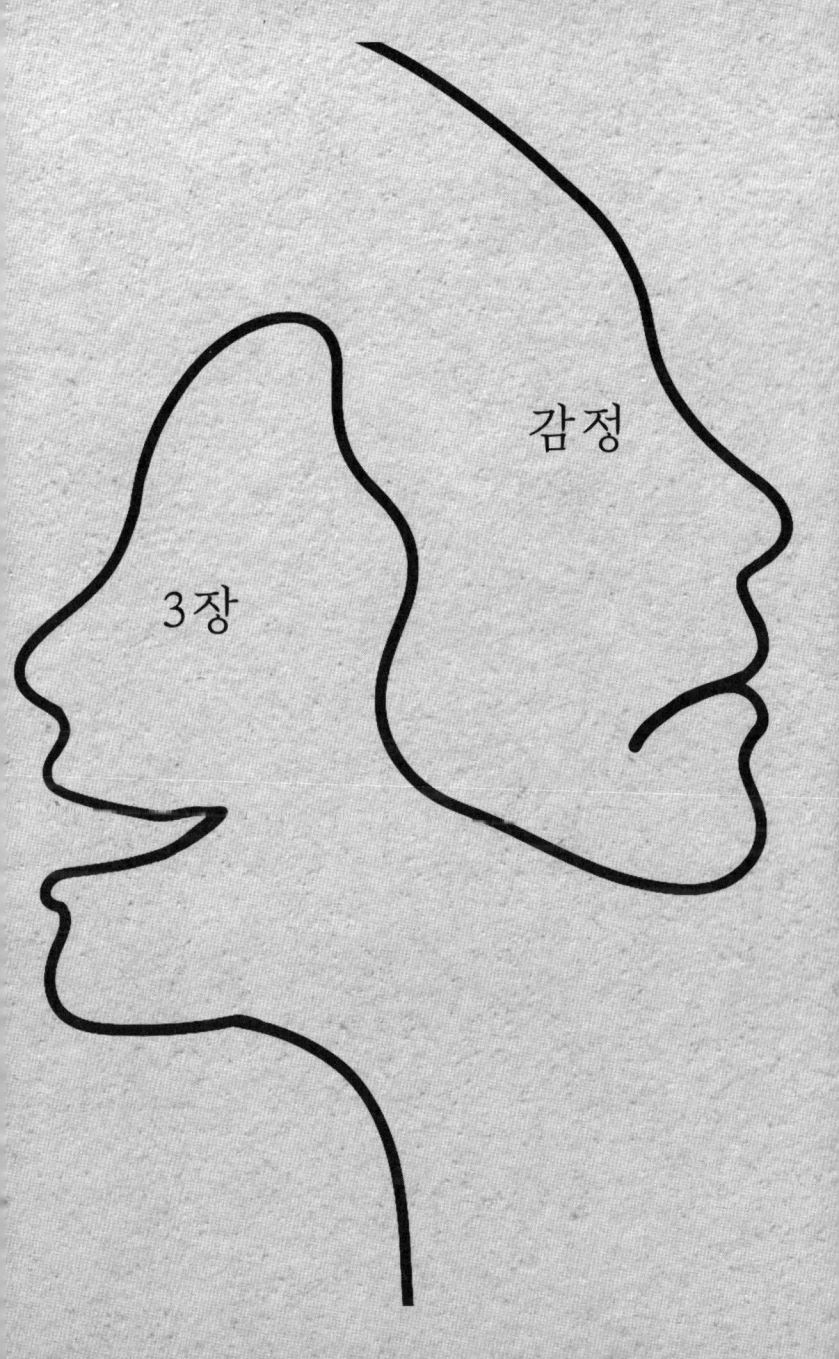

3장 감정

1장 | 행복

"행복은 지나간 자리에 그리움의 온기를 남긴다."

행복이란 무엇일까?

우리는 흔히 쾌감을 행복으로 착각한다. 원하는 걸 얻었을 때, 맛있는 음식을 먹을 때, 짜릿한 성취를 이뤘을 때 느끼는 순간적인 흥분을 행복이라고 여긴다.

하지만 쾌감은 오래가지 않는다. 그 순간이 지나면 지독한 지루함과 허무함이 찾아온다. 마치 강렬한 불꽃처럼 타오르다가 순식간에 사그라지는 감정이다.

반면, 행복은 다르다. **행복은 어떤 순간이 끝난 후에도 그리움으로 남는다.** 사라진다고 해서 허무함이 남는 것이 아니라, 오히려 시간이 지나면서 더 깊어진다.

내가 정말 행복했던 순간들은 언젠가 끝이 났지만, 그 순간들을 떠올릴 때면 마음 한구석이 따뜻해진다.

 아침에 잠을 깨우던 어머니의 식사 준비 소리와 밥 짓는 냄새가 그립다. 학교 가기 싫다고 투덜대면서도, 밥 냄새가 풍기는 주방을 지나치며 느꼈던 따뜻한 공기가 좋았다. 그때는 그게 얼마나 소중한 시간이었는지 몰랐다. 하지만 이제는 더 이상 들리지 않는 그 소리가, 더 이상 느낄 수 없는 그 냄새가 그립다.

 저녁이면 동생과 함께 하나의 컴퓨터를 두고 싸우며 했던 오래된 2D 게임도 그립다. 한 명이 플레이하면 다른 한 명은 옆에서 기다리다가 "야, 나도 한 판만!"라고 재촉했다. 그때는 차례를 기다리는 게 그렇게 지루했는데, 지금 생각해 보면 그 시간조차도 행복했다. 게임 자체가 아니라, 함께하던 시간이 소중했던 것이다.

 대학교 시절, 쉬는 시간마다 찾았던 작은 카페도 떠오른다. 과제에 치이던 날에도, 시험을 앞둔 날에도, 별다른 이유 없이 그곳에 가서 앉아 있으면 이상하게 마음이 편안해졌다.

커피 한 잔을 앞에 두고, 창밖을 멍하니 바라보는 그 시간이 좋았다. 누구와 있든, 혼자 있든, 그 공간에서 느껴지는 안정감이 행복이었다.

내가 그리운 모든 순간은, 결국 행복이 묻어 있던 시간이었다.

쾌감은 강렬하지만 쉽게 사라진다. 더 많은 자극을 원하게 만들고, 끊기는 순간 지독한 공허함만 남긴다.

하지만 행복은 다르다. 행복은 언제나 그 순간에는 잘 보이지 않는다. 대부분의 행복은, 시간이 지나고 나서야 제 모습을 드러낸다. 그리움으로 남고, 미소로 떠오르며, 마음을 따뜻하게 데운다.

2장 | 외로움

**"세상의 빛이 꺼진 후에야,
자아의 불빛이 보이기 시작한다."**

외로움은 흔히 피해야 할 감정으로 여겨진다. 누군가 외롭다고 말하면, 사람들은 "연락해", "바쁘게 지내봐", "기분 전환이 필요해"라고 조언한다. 그 말들에는 암묵적인 전제가 있다. 외로움은 비정상적인 상태이며, 가능한 한 빨리 벗어나야 한다는 생각.

실제로도 외로움을 '결핍'이나 '고립'으로만 해석하는 경우가 많다. 무언가 부족하거나, 채워지지 않았기 때문에 생겨나는 감정처럼.

하지만 나는 외로움이 꼭 부정적인 감정이라고는 생각하지 않는다. 그 감정은 종종 고통스럽고 낯설지만, 한편으로는 내가 나와 마주하게 하는 아주 독특한 통로가 되기도 한다.

나는 유학 생활 속에서 그 외로움과 오래 머물며, 그 감정의 또 다른 얼굴을 조금씩 알아차리게 되었다.

유학이 시작되면서, 내가 누리고 있던 관계들이 조용히, 그리고 완전히 정리되었다. 말하지 않아도 통하던 친구, 아무 말 없이도 곁에 있던 가족, 길게 설명하지 않아도 되던 유대감들이 국경과 시차 너머로 멀어져 갔다. 그리 특별하지 않았던 일상들이 외국이라는 배경 위에서는 전부 사라졌다.

나는 여전히 밥을 사 먹었고, 수업을 들었고, 사람들 사이를 오갔다. 하지만 그건 관계라기보다, 풍경 속 움직임에 가까웠다.

내가 여기 있긴 한데, 어디에도 닿아 있지 않은 기분.
그게 외로움이었다.

그제야 알았다. 왜 사람들은 외로움을 '추위'로 표현하는지. 그건 단지 정서적인 감정이 아니라, 몸에 닿는 감각으로까지 확장되는 감정이었다. 몸이 웅크려졌고, 시선은 아래로 향했고, 눈에 띄지 않게 작아지고 싶어졌다.

어느 날, 학교 도서관에서 공부하다 말고 무심코 창밖을 바라봤다. 햇빛이 비치는 잔디밭 위에 누군가 웃고 있었고, 그 장면이 너무 멀게 느껴졌다.

그때 문득 의문이 들었다.
'어디에 있어야 이런 거리감을 느끼지 않을 수 있을까?'

그 질문은 자연스럽게 '나는 지금 누구지?'로 이어졌고, 그 이후로 나는 스스로를 들여다보기 시작했다. 관계의 소음이 줄어들자, 내 안의 조용한 소리가 들려왔다.

그때부터 매일 아침, 혼자 산책을 나갔다. 이어폰을 끼지 않고, 아무에게도 연락하지 않고, 그저 내가 느끼는 공기, 내가 걷는 리듬, 내 안에서 일어나는 생각들에 집중했다. 나는 내 안에 있는 감정을 받아 적었고, 어쩌면 처음으로 제대로 된 나와의 대화를 하기 시작했다. 외로움은 그걸 가능하게 해준 조건이었다.

외로움은 결핍이 아니라, 통로였다.
그렇게 외로움 속에서 나에 대한 이해가 쌓였고, 내 안에 조용한 안정감이 생겼다.

신기하게도, 스스로 안정감을 찾으니, 새로운 관계도 자연스럽게 그 안정감 위에서 자라기 시작했다. 필요에 의해서만 마지못해 사람들에게 쭈뼛쭈뼛 다가갔던 내가 위축되지도, 과장되지도 않게, 큰 이유가 없이도 사람들에게 다가갈 수 있었고, 그런 나를 기꺼이 받아주는 사람들이 늘어났다.

이제는 외로움을 급히 메우려 하지 않는다. 외로움은 나를 아프게 했지만, 동시에 나를 가장 깊이 이해하게 만든 감정이었다.

외로운 감정은 어둠처럼 느껴졌지만, 어둠이 오고 나서야 내 안에 조용히 빛나고 있던 생각과 감정들을 마주할 수 있었다.

외로움은 내가 나를 더 잘 살아내기 위해, 한 번쯤 머물러야 했던 조용한 방 같은 곳이었다.

그래서 나는 지금도 가끔 그 방의 문을 열어본다. 예전처럼 어쩔 수 없는 선택이 아니라, 그곳에서 얻은 것들을 잊지 않기 위해서.

3장 | 불안함

"불안은 삶을 더 정교하게 만드는 조율자다."

불안하다는 것은 흔히 부정적인 감정으로 여겨진다. "괜찮아, 너무 걱정하지 마." 우리는 누군가가 불안해할 때 그렇게 위로한다. 불안을 없애야 할 감정, 극복해야 할 감정으로 여긴다.

하지만 가만히 생각해 보면, 불안이란 단순히 나를 괴롭히는 감정이 아니라, 더 나은 결과를 만들어 내기 위한 하나의 원동력일 수도 있다.

나는 불안할 때 더 부지런해진다. 어떤 일을 앞두고 걱정이 많을수록 더 철저하게 준비하고, 더 많은 가능성을 고민한다.

'혹시라도 실수하면 어쩌지?'라는 불안감이 나를 움직이게 만들고, 완벽에 가까운 결과를 위해 한 걸음 더 나아가게 한다.

이런 불안의 긍정적인 측면을 깨닫게 된 건, 한 영화 감독님의 인터뷰를 보고 난 후였다. 그 감독님은 완벽한 준비로 유명하다. 촬영 전에 이미 모든 장면을 머릿속에서 그려놓고, 작은 요소 하나까지도 계획해 둔다. 그의 영화에는 우연이 없다. 인물의 한마디 대사, 책상 위에 놓인 소품 하나까지도 모두 의도된 것이다.

그런 철저한 준비의 이유를 묻는 질문에, 그는 이렇게 답했다.

"그렇게 꼼꼼하게 준비하지 않으면 불안해서요."

그 말을 듣는 순간, 나는 깨달았다. **불안함이란 완벽을 향해 가는 여정이었다.** 불안하기 때문에 더 철저하게 고민하고, 더 깊이 상상하고, 더 많이 준비한다. 즉, 불안은 단순히 우리를 초조하게 만드는 감정이 아니라, 우리가 더 나은 방향으로 나아가게 만드는 추진력이 될 수도 있다.

불안은 가만히 있는 것을 허락하지 않는다. 불안하기 때문에 우리는 행동하게 된다.

우리는 불안을 나쁜 감정이라고 생각하지만, 사실 불안은 더 나은 나를 만들기 위한 본능적인 반응일지도 모른다. 불안은 무언가를 더 고민하게 만들고, 더 깊이 생각하게 만들고, 더 철저하게 준비하게 만든다.

그러니 불안을 억누르려 하지 말자. 그 감정을 제대로 활용할 줄 안다면, 불안은 우리를 더 나은 방향으로 이끌어 줄 테니까.

4장 | 자신감

"나는 잘될 거야."

나는 자신감이 있어야 뭔가를 시작할 수 있다고 믿었다. 그리고 그 자신감은 무엇을 해냈다는 증거, 실패하지 않았다는 통계, 누군가의 인정을 받아낸 이력들로부터 온다고 생각했다.

그래서 내 자신감은 언제나 위태로웠다. 조금만 결과가 안 좋아도 금방 무너졌고, 누군가가 날 부정하면 바로 흔들렸다.

그러던 어느 날, 한 인터뷰에서 이런 말을 들었다.

"자신감은 근거가 없어야 해요. 근거 있는 자신감은 너무 약해서, 근거가 무너지면 함께 무너져요. 근거 없는 자신감은, 뿌리가 없기 때문에 더 오래 버팁니다."

그 말을 듣고 가만히 생각해 봤다. 이건 이상한 이야기였다.

'근거 없는 믿음이라니. 그건 무모한 거 아닌가?'

근데 가만히 생각해 보면 나는 그동안 근거에 너무 의존하고 있었던 것 같다.

그래서 자신감은 쌓이는 게 아니라, 심는 거라는 생각이 들었다. 아무것도 없는데 그냥 나를 믿어보기로 하는 마음. 그게 진짜 자신감이라는 말.

나는 그날 이후, 어설퍼도 시도해 보기로 했다.

"이건 내가 할 수 있을 거야."

아무 이유 없지만 그렇게 생각했다. 그리고 놀랍게도, 그런 자신감은 실패에도 덜 무너졌다. '근거가 없으니까' 내가 실패했다고 해서 그 믿음이 틀렸다는 증거가 되지 않았던 거다.

그 이후로 나는 자신감이 흔들릴 때면 이렇게 중얼거린다.

"나는 잘될 거야. 할 수 있어."

딱히 이유는 없다. 하지만, 그래서 더 오래간다.

5장 | 분노

"분노는 모든 것을 파괴할 수도 있고,
새로운 것을 창조할 수도 있다."

분노는 흔히 부정적인 감정으로 여겨진다. 화를 내면 미성숙하다고 하고, 이성을 흐리며 결국 후회를 남긴다고 배운다. 우리는 어릴 때부터 감정을 다스리는 것이 미덕이며, 분노는 반드시 참아야 할 감정이라 여겨왔다.

하지만 정말 그럴까?

우리는 언제 분노를 느끼는가. 그 감정은 보통 내가 소중히 여기는 가치가 무시당하거나 침해되었을 때 찾아온다.

즉, 분노는 단순한 감정의 폭발이 아니라, "내가 무엇을 중요하게 생각하는지"를 알려 주는 감정적 반응이다.

분노는 상실과 밀접하다. 잃을 것이 없는 사람은 쉽게 화내지 않는다. 하지만 오랫동안 쌓아온 것, 사랑한 사람, 지키고 싶은 신념이 훼손될 때, 우리는 그 깊이만큼 격렬한 분노를 느낀다. 결국, 분노는 내가 가진 것의 가치를 반증하는 감정이다.

가령, 한 사람이 직장에서 무시 당했다고 하자. 그가 자신의 능력을 전혀 중요하게 여기지 않는다면 무덤덤했을 것이다.

하지만 스스로의 실력과 노력을 진심으로 믿고 있다면, 그 믿음을 짓밟는 행동 앞에서 분노가 생기는 건 당연하다.

또 다른 예로, 누군가 가족을 모욕하거나 해치려 한다면 우리는 참을 수 없는 감정을 느낀다. 그 분노는, 그만큼 그 존재가 소중하기 때문이다. 만약 내게 아무것도 소중하지 않다면, 분노조차 일어나지 않았을 것이다.

이처럼, 분노는 우리 내면의 우선순위를 보여주는 감정이다.

그리고 때로, 분노는 변화를 일으킨다. 부당한 대우 앞에서 계속 참고만 있는 사람은 점점 무너진다. 하지만 '더는 이렇게 당하지 않겠다'라는 분노가 일어나는 순간, 그 사람은 달라진다. 그리고 그 변화는 자신의 삶뿐 아니라 주변까지도 흔든다.

문제는 분노 그 자체가 아니다. 진짜 중요한 건, 그 분노를 어떻게 다루느냐다. 무질서하게 분출된 분노는 파괴적이다. 하지만 정제되고 목적 있는 분노는 강력한 원동력이 된다. 그 에너지는 시스템을 흔들고, 나를 지키며, 삶을 바꾸는 추진력이 될 수 있다.

우리는 분노를 억누르는 법만 배웠다. 이제는 분노를 이해하고 성장의 재료로 바꾸는 법을 배워야 한다.

6장 │ 결핍

"나는 완성되지 않는다. 그래서 부서진 채로 노래한다."

누구나 한 번쯤은 그런 얼굴을 본 적 있을 것이다. 설명이 필요 없는 외모, 잘생겼다는 말조차 식상하게 만드는 얼굴, 그저 거기에 있는 것만으로 호감을 얻는 사람들.

나는 어릴 때부터 그런 외모가 부러웠다. 자신의 외모만으로도 사람들의 마음을 뛰게 만드는 사람들. 그들을 보면 늘 생각했다.

"왜 나는 저 얼굴로 태어나지 못했을까?"

그 감정은 열등감이라기보단 어쩌면 동경에 가까웠다. 닮고 싶었고, 도달하고 싶었다. 그래서 나도 노력했다.

운동을 하고, 식단을 관리하고, 옷을 고르고, 머리를 다듬고, 어떻게든 '나아진다'라는 기분을 얻기 위해 거울 앞에 오래 서 있곤 했다.

예전에는 그 결핍을 없애고 싶었다. 나도 '그들'이 될 수 있을 거라는 자기 위안을 동력 삼아, 무리했고, 집착했다.

하지만 그 방향은 결국 자기파괴로 이어졌다. 자신을 개선하려다, 자신을 싫어하게 되었다.

이제는 조금 다르다. **결핍은 아마 평생 나와 함께할 것이다.** 그렇기에 노력은 멈추지 않는다. 다만, 그 노력의 결과에 집착하는 마음은 내려놓았다.

지금도 나는 운동을 하고, 식단을 챙기고, 옷을 고른다. 긍정적인 시선을 받고 싶다는 마음은 여전히 있다.

그러나 예전처럼 결과를 더 이상 극복하려 들지 않는다. 내가 가진 재료를 인정하고, 그 주어진 것들로 할 수 있는 만큼 해 볼 뿐이다.

나는 여전히 나아지고 싶고, 멋지고 싶고, 조금 더 괜찮은 사람이 되고 싶다.

그러나 이제는, 그 모든 노력의 끝에 있는 나를 미워하지 않기로 했다.

7장 | 공감

"두 눈은 바다를 보더라도,
두 다리는 땅을 딛고 있어야 한다."

우리는 공감을 미덕이라 배운다. "타인의 감정을 이해하고 함께 아파할 줄 아는 것이 진정한 인간다움이다." 사회는 감정을 나누고, 상대의 고통을 이해하는 것을 좋은 사람의 조건으로 여긴다.

하지만 깊은 공감이 반드시 선한 결과를 낳는 것은 아니다. 다른 사람의 아픔이 마치 내 일처럼 다가오고, 감정을 깊이 나누다 보면 자신이 무너질 수도 있다. 특히, 가장 가까운 사람의 아픔은 우리의 일상까지 흔들어 놓는다.

공감은 중요하다. 하지만 공감이 나를 해치지 않도록 스스로 보호하는 것도 필요하다. 나는 그것을 부모님의 사업 실패를 통해 배웠다.

아버지의 사업장이 폐업 신고를 한 날의 저녁, 집 안은 평소와 다름없어 보였다. 아버지는 텔레비전을 켜고 앉아 계셨고, 어머니는 부엌에서 저녁을 준비하고 계셨다. 익숙한 냄새가 났고, 기름이 지글거리는 소리도 들렸다. 평소처럼 아버지는 리모컨을 몇 번 눌러가며 채널을 바꾸셨고, 어머니는 조용히 반찬을 만들고 계셨다.

모든 것이 변함없어 보였지만, 나는 알았다. 이 평범함이 더 이상 평범하지 않다는 것을.

예전의 저녁은 따듯했다. 아버지는 텔레비전을 보면서도 중간중간 어머니에게 말을 걸었고, 어머니는 가끔 짜증을 내면서도 웃으며 대꾸하셨다. 밥을 먹으면서는 자연스럽게 대화가 오갔다. 나는 식탁에 앉아 하루 동안 있었던 일을 떠들었고, 부모님은 가끔 핀잔을 주기도 하고, 때론 조언을 해주기도 했다. 밥을 먹으며 함께 웃고, 가벼운 농담이 오갔던 그런 날들이 있었다.

그러나 그날의 저녁은 달랐다. 아버지는 텔레비전을 보고 있었지만, 화면을 제대로 보고 있는 것 같지 않았다. 어머니는 평소처럼 식사를 준비했지만, 그 손길이 조심스러웠다.

마치 부서질 듯 위태로운 무언가를 다루듯이. 저녁을 차리면서도 아무 말 없이 조용히 움직이는 모습이 오히려 더 무겁게 느껴졌다.

이건 그냥 평범한 저녁이 아니라, 일부러 만들어 낸 평범함이었다. 그 사실이 더 힘들었다.

아무렇지 않은 척, 평소처럼 살아가려는 모습이 애달팠다. 무너질 수 없는 현실을 어떻게든 견디려는 부모님을 보는 게 차라리 눈에 보이는 좌절보다 더 아팠다. 나는 숟가락을 들었지만, 밥이 목구멍으로 넘어가지 않았다.

집에 있으면, 나는 이 감정을 피할 수 없을 것이다. 매 순간 느껴지는 부모님의 슬픔을 온전히 짊어지고, 그 무게를 감당해야 할 것이다.

그날 나는 깨달았다. **공감은 때로, 너무 깊이 빠지면 나를 삼켜버린다는 것을.** 다른 사람의 감정을 이해하고 함께 아파하는 것은 중요하지만, 그렇다고 해서 나까지 무너질 수는 없었다.

삶을 이어가기 위해선 나만의 공간이 필요했다. 그래서 직장 근처로 방을 구해 독립했다. 이사 온 자취방은 작고 불편했지만, 그래도 숨이 조금은 쉬어지는 것 같았다.

깊은 슬픔을 공감하기에 버겁게 느껴진다면 때로는 거리를 두어야 한다. 선을 긋고, 나를 보호해야 한다. 그래야 끝까지 함께할 수 있다.

공감이란, 온전히 감정을 받아들이는 것이 아니라, 나를 지킬 수 있는 거리에서 바라보는 법을 배우는 것인지도 모른다.

8장 | 위로

**"낯설고 두려운 장소에서
마주한 익숙한 소리에 나는 울컥했다."**

어두운 방 안 창문 너머로 희미한 불빛이 들어왔지만, 공간을 밝혀주기엔 턱없이 부족했다.

하지만 불을 켜고 싶지 않았다. 불을 켜면 비참한 내 현실이 더 선명하게 보일 테니까.

나는 가방을 대충 벗어놓고 방 한가운데에 누웠다. 잡다한 물건 하나 없는 텅 빈 바닥, 차가운 공기가 폐 깊숙이 스며들었다.

'내가 이렇게까지 해야 하나…….'

속으로 중얼거리며 누워 있었지만, 눈물이 나올 정도로 절망스럽진 않았다. 오히려 텅 빈 방처럼 마음도 텅 비어버린 느낌이 들었다.

부모님의 사업이 무너지고, 집안이 기울면서 한껏 달아오른 감정들은 이미 오래전에 소진된 듯했다.

그렇다고 아무것도 하지 않는 건 아니었다. 낮에는 일부러 바삐 움직였다. 아르바이트를 몇 개씩 하면서 계속 몸을 굴리면, 마치 쓸쓸함이 날 미처 따라오지 못할 거라 믿었다.

하지만 어두워지면 사정이 달라졌다. 방 안에 들어오는 사람은 나뿐이었고, 그 순간부터 쌓아둔 감정이 우르르 몰려왔다.

그날도 비슷했다. 숨 막히는 고요가 이마에 맺힌 땀처럼 온몸을 타고 내려왔다. 한낮에는 간신히 덮어두었던 생각, 기억, 후회, 그리고 무력감까지— 나를 무겁게 짓누르기 시작했다.

사람들은 종종 말한다.
"위로가 무슨 소용이야. 문제를 해결해 줘야지."

내가 겪은 현실도 그랬다. 해결되지 않는 문제는 산처럼 쌓였고, 누구도 그것을 대신 들어줄 수 없었다.

'맞아, 말 한마디로 인생이 바뀌겠어?'

나는 이어폰을 꺼내 스마트폰에 꽂으며 생각했다. 언젠가 친구가 보내준 추천곡이 있던 걸로 기억했다. '그냥 심심할 때 들어봐'라며 가벼운 톤으로 보낸 링크였는데, 이상하게도 이제야 플레이 버튼을 누르고 싶어졌다.

귓가에 스며든 건 잔잔한 기타 소리였다. 차분하지만 어딘가 쓸쓸함이 깃든 선율. 나는 무심코 숨을 멈춘 채 가만히 그 소리를 들었다. 그런데 의외로, 목소리가 시작되자마자 아득한 깊이에 빨려 드는 기분이 들었다.

"... 지금 네 마음속에 깃든 그림자들을 헤치고 나아갈 때, 너를 집으로 이끌어 줄 빛을 발견하게 될 거야."

가사의 한 줄이 귓속을 울렸다. 알 수 없는 먹먹함이 가슴 안쪽에서 차오르기 시작했다.

'나랑 똑같잖아.'

그 노래는 마치 내가 숨어 있는 수심까지 내려와, 등을 조용히 토닥여 주는 느낌이었다.

음악이 흐르는 동안, 나는 내 과거와 마주했다. 부모님의 웃음소리가 사라진 집, 하나둘 떠나가는 친구들, 그리고 도망치듯 나와 버린 이 작은 방. 모든 게 끝없이 무거웠지만, 이 노래는 그 무게를 외면하지 않았다. 오히려 그 무게를 함께 느껴주는 것 같았다.

눈물이 뺨을 타고 흐르기 시작했다.
'이게 위로일까?'

아마 그 노래가 내 문제를 해결해 주지는 못할 것이다. 돈이 없어 생활비가 부족한 현실도, 위태로운 가족관계도 그대로다.

그런데 이상하게도, 이 노래를 듣는 동안만큼은 숨이 좀 쉬어졌다.

마치 바닷속 깊이 가라앉아 있더라도, 누군가가 거기까지 내려와 "괜찮아, 나도 여기 있어"라고 속삭여 주는 것 같았다.

내 손을 잡아 끌어올려 주는 건 아니었다. 문제의 본질은 여전히 내가 짊어져야 하지만, 그 막막함 속에 혼자가 아니라는 느낌이 들었다.

"위로는 작은 문을 열어주는 열쇠 같은 거야."

누군가가 예전에 내게 해줬던 말이 떠올랐다. 그 문을 연다고 해서 갑자기 세상이 환해지고, 문제가 해결되는 건 아니지만, 일단 문이 열리면 새 공기가 들어온다. 덕분에 답답했던 가슴이 조금 풀리고, 아주 작은 숨이라도 쉴 수 있게 된다.

노래는 끝나지 않은 것처럼 느껴졌지만, 트랙은 이미 마지막 코러스에 접어들었다. 나는 스마트폰을 집어 들고 다시 처음부터 재생 버튼을 눌렀다. 온종일 듣고 싶었다. 이 곡이 내 귀에 닿아 있는 동안은, 내가 무너지지 않을 것 같았다.

그날 밤, 이어폰에서 흘러나온 노래를 수십 번 반복해서 들으며 펑펑 울었다. 그리고 비로소 깨달았다.

'진짜 위로는 문제를 해결해 주진 않아도, 내가 그 어둠을 견딜 수 있게 해주는 거구나.'

위로가 아니었다면, 나는 아마 그대로 주저앉았을지도 모른다.

하지만 이제는 어렴풋이 안다. 이 문제는 여전히 남아 있지만, 적어도 '나 혼자서만 끌어안고 있는 게 아니구나'라고 느끼게 해주는 것. 그것이 이 음악이 준 위로였다.

노래가 끝나면 다시 어두운 방일 테고, 내가 짊어진 현실은 변함없을 것이다. 그래도 이 작은 방 안은 더 이상 무겁기만 한 공간이 아니었다.

잿빛 안개가 서서히 걷히면서, 조금씩 숨을 돌릴 수 있었다. 그 호흡들이 쌓인다면, 언젠가는 스스로 바닥을 디디고 일어설 힘이 생길 거라고 믿는다.

나는 스마트폰의 화면을 꺼두고, 눈을 감은 채 다시 음악에 몸을 맡겼다. 문득, 친구에게 고맙다는 메시지를 보내야겠다는 생각이 들었다. 그리고 몇 마디 덧붙이고 싶었다.

"네가 준 노래, 덕분에 오늘은 버틸 수 있을 것 같아. 고마워."

아직 끝나지 않은 밤이었지만, 마음 한구석이 따뜻하게 빛나고 있었다.

그날 이후, 위로에 대한 내 생각은 완전히 달라졌다. 때로는 한 곡의 노래가, 한마디 말이, 끝없이 어두운 공간에 작은 불빛 하나를 켤 수 있음을 알았으니까.

비록 문제는 그대로지만, 그 불빛 덕분에 나는 무너지지 않고 다시 숨 쉴 수 있게 되었다.

9장 | 간절함

"도망치고 싶었던 게 아니다.
오히려 끝까지 견뎌내고 싶었다."

노래를 통해 위로 받고, 밤새 펑펑 울고 나자, 다시 시작할 힘이 생겼다. 그리고 한 가지 생각이 머리를 가득 채우기 시작했다.

"어떻게든 살아내야겠다."

그건 막연한 다짐이 아니었다. 부모님의 표정이 무너지는 속도보다 내가 무언가를 회복시켜야 한다는 이상한 책임감.

믿었다. 아니, 믿어야 했다. 다시는 같은 아픔을 반복하지 않기 위해, 나는 '제대로' 살아야 한다고 스스로를 다그쳤다. 그게 곧 버티는 이유가 되었다.

누군가는 미래를 꿈꾸며 움직이지만, 나는 그저 지금을 무너뜨리지 않기 위해 움직였다.

삶이 좋아서가 아니라, 무너지지 않기 위해서.

살고 싶지 않다는 마음이 들었던 날도 있었지만, 그건 정말 죽고 싶어서가 아니라, 아팠기 때문이었다. 그리고 그 아픔은, 이상하게도 나를 주저앉힌 것이 아니라 포기하지 말아야 할 이유가 되었다.

때로는 버텨야 할 이유가 희망에서 오는 게 아니라, 그저 놓을 수 없는 마음에서 오기도 한다.

끝까지 살아내고, 책임지고 싶었던 거다. 그래서 더 힘들었고, 그래서 더 애썼다.

지금 돌아보면, 그때의 나는 위태로웠다. 하지만 동시에, 그 누구보다 살아 있었다. 애썼기에 부서졌고, 진심이었기에 흔들렸다.

너무 아프다는 건, 진심이었다는 뜻이다.

그러니 삶이 버거운 순간, 도망치고 싶다는 생각이 들어도, 자신을 의심하지는 않았으면 한다.

그건 잘살고 싶은 마음에서 나온 거니까.

죽고 싶었던 마음조차, 결국은 살고 싶다는 갈망의 또 다른 얼굴이었을지 모른다.

진심은 아프다. 하지만 진심으로 버틴 시간만이, 나중에 우리를 다시 붙잡아준다.

삶이 아프게 느껴지는 건, 아직 삶을 놓고 싶지 않다는, 그만큼 사랑하고 있다는 증거다.

4장

일과 돈

1장 | 일과 취미

"일은 의무에서 시작되고, 취미는 기쁨에서 태어난다."

사람들은 "좋아하는 일을 하면 돈도 따라 온다"라고 말한다.

그러나 현실은 그렇게 단순하지 않다. 취미로 즐기던 일이 수익이 되는 순간, 그 일은 더 이상 온전히 '나만을 위한 것'이 아니게 된다. 사업은 돈을 지불한 사람의 만족을 위한 것이고, 취미는 나의 만족을 위한 것이다. 이 둘을 혼동하면, 좋아했던 일조차 버거운 일이 되어버릴 수 있다.

사진 찍는 것을 좋아하던 한 친구가 있었다. 처음엔 오래된 스마트폰으로, 그다음엔 중고로 산 DSLR 카메라 하나로 세상을 찍었다. 여행 중에도, 일상에서도, 친구의 손엔 늘 카메라가 있었다. 친구에겐 빛이 언어였고, 구도는 리듬이었고, 셔터 소리는 고백이었다. 왜 사진을 찍느냐 물으면, 친구는 웃으며 대답하곤 했다.

"이 순간은 다시 없으니까."

그러던 어느 날, 친구는 조심스럽게 말했다.

"사진으로 돈을 벌어보려고 해."

말하는 표정은 밝았다. 좋아하는 일을 하면서 돈도 벌 수 있다면, 이보다 완벽한 삶은 없을 것 같았을 것이다.

몇 달 후, 그 말은 현실이 되었다. 웨딩 촬영, 브랜드 화보, 프로필 작업. 의뢰는 빠르게 들어왔고, 일정은 바빠졌으며, 친구는 자주 웃었다.

하지만 몇 년이 지나 다시 만났을 때, 친구의 표정은 어딘가 달라져 있었다.

"솔직히 말해서, 이제 사진 찍는 게 재미가 없어."

조용히 흘러나온 그 말엔 피로가 묻어 있었다.

피사체를 바라보던 눈은 점점 숫자를 계산했다. 몇 컷을 더 찍어야 할지, 몇 분 안에 끝내야 할지. 빛은 대상이 아니라, 조건이 되었고, 기다릴 수 없는 것이 되었다. 친구는 찍었고, 편집했고, 전달했다. 그리고 다시 찍었다.

 한때 가장 사랑했던 일이, 이제는 단순한 노동이 되어 버린 것이다.

 그 끝엔 이별이 있었다. 친구는 조용히 장비를 정리했다. 촬영 스케줄은 멈췄고, 카메라는 책장 맨 위, 먼지 많은 곳에 올려졌다.

 "쉬고 싶어. 그냥……. 아무 것도 찍지 않고."

 그 말 이후, 친구는 정말 아무것도 찍지 않았다. 꽃이 피는 봄날에도, 눈이 내리는 겨울에도, 그저 바라보기만 했다.

 친구는 한때, 진심으로 사진 찍는 것을 사랑했다. 찰나를 붙잡는 일이, 세상을 이해하는 방식이었다. 하지만 사랑은 소비되었고, 결국 떠났다.

좋아하는 일이 돈이 되는 순간, 그 일은 더 이상 '나만의 것'이 아니게 된다. 그것은 시장의 것이 되고, 고객의 것이 되고, 끝내는 '해야 할 일'이 된다.

물론 어떤 사람은 타인의 기대를 채워 주는 데서도 기쁨을 느낀다. 누군가의 만족이 자신의 성취가 되는 이들도 있다. 그들에게는 '일'이 곧 '열정의 확장'일 수 있다.

하지만 친구에겐 아니었다. 그의 기쁨은 '기다림'에 있었고, 빛이 스스로 다가오는 순간을 '포착'하는 데 있었다. 빛이 제 마음대로 흘러와, 피사체에 닿는 그 순간. 그 순간은 돈으로 예약할 수 없었다. 그건 오직 그만의 시간이어야 했다.

사업은 '너'의 만족을 위한 것이고, 취미는 '나'의 만족을 위한 시간이다.

이 둘을 혼동하면, 언젠가는 내가 가장 사랑했던 것들이 의무와 부담으로 변할 수 있다.

좋아하는 걸 끝까지 좋아하려면, 어떤 것은 온전히 나만을 위한 것으로 남겨두는 게 좋다.

2장 | 착각

"일은 함께 엮인 리듬 속에 완성된다."

혼자 일하는 것을 꿈꾸는 이들은 보통 회사의 복잡한 인간관계에 지친 사람들이다. 사람에 치이지 않고, 오롯이 나만의 방식으로 자유롭게 일할 수 있을 거라고 믿는다.

회의 없는 하루, 눈치 보지 않는 일정, 내가 정하는 기준. 분명 매력적으로 들린다. 하지만 혼자 일한다고 해서, 진짜 혼자 일할 수 있는 건 아니다.

친구는 몇 달 전, 다니던 디자인 회사를 그만뒀다.

"이제는 혼자 일할래. 내 시간, 내 방식으로."

카페에서 라떼를 마시며 말하던 친구의 얼굴에는 확신이 있었다. 직접 만든 일정표도 보여줬다.

하루에 네 시간만 일하고, 나머지는 자기 개발과 산책. 그 자유가 너무 그럴듯해서, 나도 한순간 부러웠다. 처음엔 일이 꽤 들어왔다. 포트폴리오도 탄탄했고, 사람들의 소개도 이어졌다.

하지만 두 달쯤 지나자, 친구의 얼굴엔 피로가 서려 있었다. 피드백은 회사 다닐 때처럼 여전히 번거롭고 까다로웠다.

"이 느낌이 덜 올드했으면 좋겠어요."

"좀 더 밝은 느낌으로요. 근데 튀면 안 돼요."

결정은 없고 말은 많았다. 그건 예전과 똑같았다.

문제는 그다음부터였다. 세금 신고, 송금 확인, 클라이언트 응대, CS 처리, 홍보, 포트폴리오 정리. 이전엔 다른 부서가 맡았던 일들이 모두 친구의 몫이 됐다. 디자인 작업보다 더 많은 시간을 그런 일들이 차지했다.

"회사 다닐 땐 기획팀, 회계팀, 인사팀이 있었지······."

친구는 그렇게 중얼거렸다.

혼자 일하는 자유는 분명 있었다. 하지만 그 자유의 무게도 혼자 감당해야 했다.

그리고 결정적으로 관계는 결코 사라지지 않았다. '상사'가 '클라이언트'로 바뀌었고, '회의실'이 '줌 미팅'이 되었을 뿐, **일은 여전히 누군가와 얽혀 움직이고, 돈이 흐르는 곳에는 언제나 관계가 존재했다.**

직장을 벗어났다고 인간관계에서 벗어나는 건 아니다. 그저 관계의 이름표만 달라질 뿐이다. 결국 '일'은 사람 사이에서 흐른다.

그렇기에 진정한 자유를 바란다면, 누구와 함께 일할지를 스스로 선택할 수 있는 사람이 되도록 성장해야 한다.

3장 | 최선의 선택

"시작하지 않은 가능성은 존재하지 않는다."

우리는 늘 '최선'을 찾으려 한다. 완벽한 타이밍, 최고의 조건, 실력과 성격이 모두 잘 맞는 사람.

일을 시작할 때도 마찬가지다. 카메라는 최고 사양으로, 공간은 조용하고 예쁘게 꾸며진 곳에서, 내가 진짜 하고 싶은 일을, 완벽하게 시작하고 싶어진다.

"준비만 잘 되면 실패할 일은 없을 거야."

하지만 현실은 언제나 예상과 어긋난다. 계획은 자꾸 밀리고, 마음은 불안해지고, 시간은 흘러가는 데 손에 잡히는 건 없다. 그러면서도, 아직은 때가 아니라고, 좀 더 기다려야 한다고 우리는 또 망설인다.

한 친구는 유튜브를 시작하고 싶어 했다. 카메라도 없고, 마이크도 없고, 편집 경험도 없었지만 "일단 해 볼까?"라고 말하다가 결국 장비부터 검색하기 시작했다.

프로 유튜버들이 쓰는 장비 목록, 영화 같은 영상미를 뽑을 수 있는 편집 강의, 전문가가 만든 섬네일 디자인 강의까지. 공부는 끝이 없고, 기준은 자꾸 높아졌다.

그리고 이런 고민에 빠졌다.

"어설픈 콘텐츠를 올리면 사람들이 날 이상하게 생각하지 않을까?"

결국 친구는 두 가지 선택지 앞에 섰다.

하나는 준비가 더 될 때까지 기다리는 것. 완벽한 장비와 환경이 갖춰진 뒤에 시작하는 것.

다른 하나는 지금 가진 걸로 조금 부족하더라도 일단 올려 보는 것.

그는 고민 끝에 두 번째를 선택했다. 노트북은 느리고 카메라는 중고였다. 편집도 서툴고 자막은 귀찮아서 중간에 빼먹기 일쑤였다.

영상을 업로드한 날, 친구는 반나절 동안 스마트폰을 보지 않았다. 부끄럽고 무서워서 댓글도 확인할 수 없었다.

그런데 시간이 지나면서 이상한 일이 벌어졌다. 조회수가 하나둘 오르고, 누군가 "다음 영상 기다릴게요"라는 댓글을 달았다. 그 말 한 줄에 친구는 또 다음 영상을 만들었다. 그 후에도 규칙적이진 않아도, 꾸준히 영상을 올리기 시작했다. 조금씩, 그러나 분명히 편집이 나아졌다. 말투도 자연스러워졌고, 내용은 더 단단해졌다.

친구는 말했다.

"지금 생각해 보면, 처음부터 완벽을 고집했다면 아직도 시작 못 했을 거야. 그냥 내가 감당할 수 있는 수준에서 시작한 게 진짜 다행이었어."

그 말을 듣는데, 이상하게 마음이 편해졌다.

우리는 너무 자주 '최선의 조건'을 기다리다가 현실에서는 아무것도 하지 못한 채 멈춰 서 있곤 한다. 하지만 대부분의 시작은 완벽하지 않고 부족하고 낯설다.

하지만 중요한 것은 '선택' 그 자체가 아니라, 선택 이후에 계속 버티는 힘이다. 결과가 느리게 나와도 사람들이 쉽게 알아주지 않아도 스스로 계속해 나갈 수 있는 마음. 그게 결국 일을 만든다. 경험을 만들고 실력을 쌓고 나만의 무언가를 남긴다.

완벽을 기다리다 아무것도 하지 못하는 사람보다 조금 부족해도 감당할 수 있는 선택을 하고 그 안에서 나아가는 사람이 더 멀리 갈 수 있다.

생각해 봤을 때, 버틸만하다 싶으면 일단 선택하고 나아가 보자.

4장 | 돈과 진심

**"돈은 사람을 바꾸지 않는다.
다만 그의 본성을 드러낼 뿐이다."**

우리는 타인의 마음을 정확히 알 수 없다. 말은 꾸며낼 수 있고, 표정은 감출 수 있으며, 행동조차 연출이 가능하다. 그래서 인간관계는 언제나 불완전한 추측 위에 세워진다.

그런데 이 불확실한 감정의 바닷속에서도, 비교적 명확하게 진심이 드러나는 순간이 있다. 바로 '돈'이 오갈 때다.

사람은 시간을 남에게 줄 수 있어도, 막상 돈을 쓴다는 건 언제나 스스로에게 질문을 던지게 만든다.

"이 지출은 과연 나에게 어떤 의미인가?"

이 질문에서 손익을 따지는 우리의 본심이 선명해진다.

말로는 "너무 좋아!"라고 강조해도, 실상 별로면 지갑은 닫힌다. 반대로, 입버릇처럼 "그냥 그래"라고 말해도, 정말 좋거나 필요하다고 느끼면 어느새 지갑을 열고 있다.

그 순간, "손익 앞에서 본심을 드러낸다"라는 말이 사실임을 깨닫게 된다.

얼마 전, 대학 동기가 작은 쿠키 전문점을 열었다. SNS에 매장 사진을 올리자, 친구들은 너도나도 댓글을 달았다.

"대박, 나중에 꼭 갈게!"

"나 쿠키 완전 좋아해. 조만간 쓸어오겠다!"

특히 친구 A는 "내가 쿠키광이잖아? 당장 사 먹으러 갈게"라며 시종일관 열정 넘치는 반응을 보였다.

반면 B는 별다른 댓글 없이 "오~. 잘됐네. 힘내"라는 반응 정도만 보였을 뿐이었다.

시간이 흘러도 A는 쿠키 가게를 찾지 않았다.

오프라인 이벤트가 열렸을 때도 "꼭 가야지!"라고 떠들었지만, 정작 그날도 '갑자기 일이 생겨서'라며 나타나지 않았다.

　친구가 새로 개발한 '초콜릿 칩 쿠키'를 SNS에 자랑하면, A는 "우와 대박, 곧 사 먹을게!"라며 댓글 폭탄을 날리지만, 구매는 하지 않았다.

　결국 주변에서 농담처럼 'A는 원래 말만 번지르르하게 하는 스타일'이라 했고, A 자신도 "조만간 갈게"라는 말만 수십 번 반복할 뿐이었다.

　반면 B는 별다른 말을 하지 않았지만, 한 번쯤 직접 가게를 찾았다. 평소 달콤한 쿠키를 즐기지 않지만, '친구가 창업했다니 일단 가보자'라는 생각이었다. 말하자면 처음엔 '의리 구매'였다.

　막상 시식을 하니, 의외로 딸기 크림 쿠키가 B의 입맛에 잘 맞았다. 예상보다 덜 달고 향도 깔끔해서, B는 그 자리에서 한두 봉지를 구매했다. 그 뒤로도 사무실 간식으로 또 사고, 지인에게 추천하기도 했다.

'입맛에 맞아 손이 가게 된다'라는 이유였다.

친구 입장에서 보면, 댓글과 칭찬보다 '누가 실제로 찾아오고 구매를 반복하느냐'가 훨씬 중요했다. A처럼 말만 무성한 경우는 실질적 도움이 되지 않았고, B처럼 조용해도 지갑이 열리는 사람이 가게 운영에 진짜 힘이 되었다.

아무리 "최고야, 곧 살게"라고 외쳐도, 진짜 필요하지 않거나 별로라고 느끼면 결국 지갑을 닫는다. 반면 입맛에 맞고 만족한다면, 처음에 큰 기대 없이 왔어도 자연스럽게 행동으로 이어진다.

'기꺼이 지갑을 연다'라는 건, 단순한 한 번의 호의가 아니라, 실질적인 선택이 담긴 행위다.

말은 얼마든지 바꿀 수 있고, 별다른 부담 없이 내뱉을 수도 있다. 돈은 그보다 훨씬 더 무겁고, 흔쾌히 꺼내기 쉽지 않다.

그렇기에 말보다 돈이 더 진실하게 느껴질 수 있다. 누군가를 위해 적은 금액이라도 지불하는 건, 그만큼 '이건 내게 가치가 있어'라는 판단이 서야 하기 때문이다.

누군가의 사업을 응원하거나, 정말 내가 원하는 물건·서비스를 얻는 등 손익 계산을 거쳐 지갑이 열린다.

물론 돈이 만능은 아니다. 인간의 마음은 훨씬 복잡하고, 돈이 전부를 대변할 순 없다. **하지만 돈이 흐르는 방향은 말이나 표정보다 더 분명하게 본심을 보여 줄 때가 많다.**

진짜 마음에 들면, 굳이 큰소리치지 않고도 자연스레 지갑을 열게 된다.

아무리 "좋다. 살게!"라고 외쳐도, 별로면 결국 구매로 이어지지 않는다.

우리는 누군가의 마음을 정확히 읽을 순 없지만, 적어도 '그가 실제로 어디에 돈을 쓰고, 어디서 망설이는지' 살펴보면, 그 우선순위와 관심이 어느 정도는 보인다.

그 사실이, 불완전한 추측 위에 세워진 인간관계를 조금 더 선명하게 만들어주는 하나의 창이 될 것이다.

5장 | AI와 인간

"AI는 어떻게 해야 하는지 묻고,
인간은 왜 해야 하는지를 묻는다."

기술이 하루가 다르게 발전한다. 이제는 단순한 반복 작업뿐 아니라, 글을 쓰고 그림을 그리며, 음악을 만들고 분석까지 해내는 AI가 등장했다. 우리는 점점 더 똑똑해진 AI를 얻게 될 것이다.

그렇다면 AI 시대에 인간은 무엇을 해야 하는가?

일을 이루는 흐름은 보통 세 단계로 나뉜다. 시작, 과정, 그리고 결과. AI는 그 가운데 과정을 맡는다. 지금까지 우리가 수많은 시행착오를 겪으며 해내야 했던 그 복잡한 '과정'을 AI는 짧은 시간 안에, 높은 완성도로 해낸다. 빠르게, 정교하게, 그리고 지치지 않고.

그러니 우리는 이제 무엇을 할지 선택하는 역할과, 그 선택의 결과를 경험해야 하는 주체로 남는다.

AI가 아무리 빠르게 작동하고 오류 없이 코드를 작성해도, 그 코드를 통해 세상을 어떻게 변화시키고 싶은지는 사람의 선택에서 비롯된다.

예를 들어 환경 보호를 위한 앱을 만들겠다고 할 때, AI는 관련 데이터 분석과 최적의 알고리즘을 제시해 줄 수 있지만, '왜 환경 보호가 중요한가?'라는 근본적인 고민은 결국 인간이 해야 하는 일이다.

더 나아가 결과를 받아들이는 주체도 사람이다. 완성된 환경 보호를 위한 앱이 실제로 환경을 보호하고 우리의 삶의 질을 개선했다면, 그 개선된 삶의 질을 누리는 것도 인간이다.

AI가 전부 알아서 다 해준다 해도, 그 결과에서의 편리함과 혜택은 우리가 직접 느끼는 것이다.

AI 시대에 우리는 직접 하지 않아도 되는 일들이 늘어날 것이다. **하지만 무엇을 할 것인지는 여전히 스스로 선택해야 한다.**

우리가 어떤 선택을 하던, AI는 그 과정을 도와줄 수 있지만, 대신 살아줄 수는 없다. AI가 아무리 뛰어난 작업물을 내놓을 수 있다고 해도, 그것을 누리는 능력은 오직 인간에게만 있다.

AI 시대의 인간은 그 방향을 선택하고, 그 선택의 결과를 경험할 수 있는 존재로 남을 것이다.

6장 | 일과 1

"0.9는 노력이고, 1은 결과다.
그리고 세상은 결과를 원한다."

나는 늘 0.9였다. 어떤 일이든 대부분을 책임졌고, 빈틈을 메웠고, 마무리까지 끌고 갔다. 그리고 그 사람이 늘 마지막 0.1을 했다. 결과는 '우리'의 성과로 기록됐다.

억울했다.

일의 대부분은 내가 했는데, 결과엔 그 사람도 같은 크기로 남았다.

'이게 공평한 걸까?'

이런 생각이 들기 시작하면, 한동안 그 사람을 미워하게 된다. 작고 가벼운 분노가 안에서 끓기 시작한다.

'나는 왜 항상 0.9를 떠맡는 걸까?'

'왜 나만 이렇게 애써야 하지?'

그래서 한동안 마음을 다잡았다.

'나도 0.1만 하자. 남들처럼, 적당히만 하자.'

하지만 그 마음은 오래가지 못했다. 0.1만 하는 내가 낯설었다. 그렇게 사는 건 내 방식이 아니었다. 억울함을 피하자니, 내 가능성까지 접어두는 기분이었다.

그러다 문득, 이 감정의 실체가 뭔지 보이기 시작했다.

어쩌면 미움은 신호였다. 이전에는 느끼지 못했던 불편함이 올라올 때, 그건 내가 자라났다는 뜻이다. 내 안의 공간이 좁아졌다는 뜻이고, 이제는 껍데기를 깨야 한다는 신호였다.

껍질 안에서 0.1과 0.9는 싸운다. 누가 많이 했느냐, 누가 덜 했느냐. 하지만 껍질을 깨고 나가면, 그 싸움은 더 이상 중요하지 않다.

바깥의 세계는 더 큰 '1'을 만드는 곳이기 때문이다.

일은 1로 완성된다. **0.9만으론 부족하고, 0.1이 없으면 끝나지 않는다.** 내가 아무리 많이 했어도, 그 조각 하나가 있어야 결과가 된다. 그래서 이제는 그 0.1에도 감사하기로 했다.

동시에 나는 더 이상 0.1에 머무는 사람과 나를 비교하지 않는다. 내가 더 큰 1을 감당할 수 있는 사람이라면, 나는 더 넓은 곳으로 나가면 된다. 거기엔 또 다른 0.9들이 있고, 나만큼 최선을 다하는 사람들이 모인 더 큰 '일'이 있다.

이제 나는 일의 완성을 도와준 그 마지막 퍼즐에 감사한다 그 조각이 있어야 비로소 내가 만든 '1'이 세상에 나올 수 있었으니까.

그 과정에서 느낀 불편한 감정을 무시하지 않는다. 그건 내가 성장이 껍질에 닿았다는 뜻이니까.

그 감정이 말해 준다.
"이제는 껍질을 깨고, 더 넓은 세상으로 나아가야 할 시간이다."

7장 | 사회생활

"사랑은 이해해 주지만, 사회는 책임지라고 한다."

집에서는 이해받을 수 있었다. 가끔 말투가 날카로워도, 실수를 반복해도 "오늘 기분 안 좋았구나", "피곤했겠지"라고 말하며 덮어줄 사람이 있었다.

하지만 사회는 달랐다. 같은 실수를 해도 "괜찮다"라는 대답은 잘 나오지 않았고, 변명보다는 책임을 먼저 물었다. 배려보다는 기대치가 먼저였고, 감정보다 결과가 중요했다.

처음에는 그게 참 당황스러웠다. 나를 지켜주던 울타리를 벗어난 기분이었고, 내가 아직 다 배우지 못한 것들을 세상은 너무 빠르게 요구하는 것 같았다. 그때 조금씩 깨달았다.

가정은 사랑과 이해로 움직이지만, 사회는 기능과 신뢰로 움직인다는 것.

가족은 나를 있는 그대로 바라보려 한다. 실수를 해도 다시 해 보라고 말해 주고, 내가 미처 정리하지 못한 감정조차 품어준다.

 하지만 사회는 다르다. 사회는 책임과 신뢰로 움직이는 곳이다. 결과를 내면 그에 합당한 보상 준다는 것은, 반대로 결과를 내지 못하거나 실수하면, 마땅한 책임을 묻는다는 계약이기도 하다.

 그 안에는 단순한 평가를 넘어선 기대와 균형의 원리가 있다. 내가 어떤 역할을 맡았다는 건, 누군가는 내가 그걸 해낼 거라고 믿고 있다는 뜻이고, 실수한다는 건, 누군가가 기대한 결과를 받지 못했다는 뜻이기도 하다.

 그래서 사회는 실수를 싫어한다. 단순히 깔보거나 몰라서가 아니라, 실수 하나가 결국 누군가의 손해로 이어지기 때문이다.

 그 안에서 살아가려면, 나는 점점 더 스스로를 다듬을 수밖에 없다.

조금 더 신중하게 말하고, 내가 한 약속은 끝까지 지켜내려 애쓰고, 실수가 있었다면, 어떻게든 스스로 수습하려는 태도.

그건 누가 시켜서가 아니라, 사회에서 살아가기 위해 필요한 태도이다.

때로는 가족처럼 품어주는 사람도 만나지만, 그건 어디까지나 선물 같은 예외고, 대부분의 사회적인 관계는 서로가 서로에게 책임을 지는 사이로 이어진다.

그러나 너무 낙담하지 않아도 된다. 이건 모두가 겪는 과정이고, 그 속에서 조금씩 어른이 되어가는 거니까. **다만, 우리는 사회와 가족이 전혀 다른 방식으로 작동한다는 사실을 제대로 인식할 필요가 있다.**

가족이 이해해 주던 방식대로 세상도 나를 받아들일 거라 착각하면 서운하고, 실수하게 된다.

사회는 역할과 책임을 기준으로 움직인다. 그렇기 때문에 그에 맞는 행동과 마음가짐을 익혀야 한다.

서운하다고 피하지 말고, 냉정하다고 무너질 필요도 없다. 그저 다르다는 것을 받아들이고, 그 다름에 맞는 것을 몸에 익히는 일. 그게 바로 어른으로 살아간다는 뜻일지도 모른다.

5장 성공과 실패

1장 | 성공의 크기

"빛이 밝아질수록, 그림자는 더 짙어진다."

"꿈을 크게 가져야 성공도 크다."
어릴 적부터 듣던 말이다. 목표를 높게 잡으면, 그만큼 더 멀리 나아갈 수 있다는 말이다. 호랑이를 그리면 고양이라도 나온다는 그 속담처럼, 틀린 말은 아니다.

하지만 삶의 무게를 직접 들어보게 되면, 그 말이 전부는 아니라는 걸 서서히 깨닫게 된다. 꿈의 크기도 중요하지만, 진정으로 성공의 크기를 결정짓는 건, 그 무게를 견딜 수 있는 그릇인지 아닌지다.

아무리 원대한 목표라도, 그 과정에서 마주하는 두려움과 압박, 고통과 불안에 무너진다면 그 꿈은 성공이 아니라 자기 자신을 갉아먹는 짐이 될 수 있다.

성공은 그 과정과 결과 속에서 필연적으로 발생하는 공포와 압박을 얼마나 끌어안고 버틸 수 있느냐의 문제다.

나는 그걸 오랫동안 피트니스 센터를 운영했던 한 친구의 이야기를 통해 알게 되었다.

그는 피트니스 센터를 열었다. 큰 체인은 아니었지만, 기획도 탄탄했고 공간도 깔끔했다. 초기 프로모션이 입소문을 탔고, 회원 수는 빠르게 늘어났다. 지역 커뮤니티에서 '깔끔하고 관리 잘 되는 헬스장'으로 소문이 나기 시작했고, 예약은 항상 몇 주 앞까지 찼다. 기구도 새로 들이고, 1:1 PT 시스템도 갖췄다. 모든 게 예상보다 빠르게 올라갔다. 그때 그는 말했다.

"이제 진짜 자리를 잡은 것 같아."

그 말을 듣던 나는, 그가 오랫동안 바라던 그림이 현실이 된 것 같아 기뻤다.

하지만 일 년 후 다시 만났을 때, 그의 얼굴은 예전보다 더 지쳐 보였다.

"잘되긴 하는데....... 요즘 이상하게 겁이 난다."

그는 조용히 말하며 고개를 떨궜다.

센터를 유지하기 위해 들어간 고정비는 생각보다 많았다. 기구 리스 비용에 월세, 전기세, 청소 인건비까지. 직원을 두기 시작하면서 급여, 4대 보험, 퇴직금까지 책임져야 했다.

결국 그는 운영자금 대출을 받았다. 받은 대출이 늘어나면서 매달 이자도 늘어났다. 이자는 쉬는 날이 없었다. 일요일도, 비수기에도, 고지서는 정확히 찾아왔다.

큰 대출을 받은 지 얼마 지나지 않았을 때, 상황이 흔들렸다. 소비가 줄고, 근처에 대형 체인이 들어섰다. 기존 회원들은 옮기기 시작했고, 신규 유입은 확연히 줄어들었다. 매출은 절반 이하로 떨어졌다. 그 상태가 거의 반년 가까이 이어졌다.

월급을 감당할 수 없어서 직원을 줄였다. 이젠 직접 새벽마다 센터 문을 열고, 청소하고 기구를 손봤다.

회원이 없어도 불은 켜져 있어야 했고, 사람이 없어도 청소는 해야 했다. 문을 닫을 수도 없고, 계속 열어둘 수도 없는 상황. 매일이 출혈이었다.

그는 가끔 내게 "그냥 숨만 쉬어도, 빚이 쌓이고 있어"라고 말했다. 하루하루가 무너지는 느낌이었을 것이다.
문자 하나, 전화 한 통에도 심장이 조여 왔다고 했다.

다행히, 다음 해 봄부터 조금씩 회원이 다시 늘었다. 사람들은 "이제는 자리 잡은 것 같아", "역시 버티니까 되는구나"라고 말했다.

하지만 그는 빚을 조금 남겨둔 상황에서 센터를 정리했다. 그리고 그 이유를 나에게 말해 주었다.

"매출이 오르긴 오긴 했어. 근데... 이렇게 살다간, 내가 완전히 망가질 것 같아."

지금 그는 1:1 PT 센터를 작게 운영하면서 만족하며 살고 있다.

성공은 언제나 대가를 요구한다. 눈에 보이는 결과 뒤에는 늘 눈에 띄지 않는 두려움과 압박이 따라붙는다. 높이 오를수록 책임은 무거워지고, 지켜야 할 것들이 늘어날수록 불안도 커진다.

중요한 건 꿈이 얼마나 원대하냐가 아니라, 그 꿈을 이루는 과정에서 발생하는 필연적인 공포와 고통을 견딜 수 있는가다. 그것을 버티지 못한다면 그건 성공이 아니라 파괴일 뿐이다.

성공은 눈부시지만, 그 빛엔 반드시 같은 크기의 공포와 고통이라는 그림자가 따라붙는다. 그 그림자까지 함께 끌어안고 갈 수 있는 사람만이, 성공의 빛을 키우고, 지켜낼 수 있다.

2장 | 전압과 저항

"저항이 사라진 이 순간, 집중이 꽃핀다."

사람들은 목표를 이루기 위해 더 많은 시간을 투자하고, 더 많은 일을 해야 한다고 생각한다.

하지만 정말 그렇게만 하면 원하는 결과를 얻을 수 있을까?

하루 24시간을 온전히 집중해서 사용할 수 있다면 좋겠지만, 현실적으로 인간의 집중력은 제한적이다. 아무리 애써도 온종일 최상의 상태를 유지하는 것은 불가능하다.

그렇다면, 중요한 것은 더 많은 시간을 확보하는 것이 아니라, 집중을 방해하는 요소들을 줄이는 것이 아닐까?

한때는 더 많은 일을 하려 애썼다. 스케줄을 빽빽하게 채우고, 시간이 날 때마다 추가 업무를 넣었다.

하지만 정작 중요한 순간에는 집중력이 흐트러졌고, 원하는 결과를 얻지 못하는 경우가 많았다.

그때 깨달았다. 아무리 노력해도 하루는 24시간이고, 내가 온전히 집중할 수 있는 시간은 정해져 있다. 그렇다면 내가 해야 할 일은, 그 제한된 집중력을 어떻게 하면 최대한 효과적으로 사용할 수 있을지 고민하는 것이었다.

먼저 식습관을 바꿨다. 자극적인 음식은 순간적인 만족감을 주지만, 곧 피로감을 몰고 왔다. 과식은 몸을 무겁게 만들어 집중력을 흩트렸다. 그래서 소화가 부담스럽지 않으면서도 에너지를 오래 유지할 수 있는 음식을 선택했다.

또한, 하루 동안 해야 할 일의 개수를 줄였다. 무조건 많은 일을 하는 것이 아니라, 정말 중요한 일 한두 가지에 깊이 몰입하는 것이 더 효과적이었다. 몰입도가 높아질수록, 같은 시간에도 더 나은 결과를 만들 수 있었다.

결국 중요한 것은 '얼마나 오래, 많이 하느냐'가 아니라, '얼마나 깊이 몰입할 수 있느냐'였다.

전압이 일정할 때 저항을 낮추면 전류가 강해지듯, 집중력을 방해하는 요소를 줄이면 같은 시간에도 훨씬 강한 몰입을 만들 수 있었다.

마찬가지로, 인간의 몸으로 태어난 이상, 하루에 집중할 수 있는 시간의 절대량이 제한되어 있다면, 집중을 방해하는 '저항'을 줄이는 것이 가장 효율적으로 내가 원하는 목표를 이루는 방법이다.

3장 | 계획의 너머

"생각대로 되지 않기에.
생각지도 못했던 일이 일어날 수 있다."

어릴 적에는 생각한 대로 되지 않는 것이 불행이라고 믿었다. 목표를 정하고 계획을 세우면, 그대로 이루어져야 한다고 생각했다.

그러나 살아갈수록 예상과 다르게 흘러가는 일이 더 많았다. 그리고 지금은 알게 되었다. 오히려 계획대로만 된다면, 인생은 더 단조롭고 지루했을 거라는 것을.

"우물 안 개구리."

우물 속에서 살아가는 개구리는 자신이 보는 하늘이 전부라고 믿는다. 그러나 어느 날 비가 내려 넘치는 물살에 떠밀려 나오게 되면, 그제야 깨닫게 된다. 자신이 알던 세상보다 훨씬 크고 넓은 세계가 있다는 것을.

내 계획도 마찬가지였다. 우물 안 개구리처럼 한정된 시야 속에서 최선이라 믿고 세운 것이었지만, 정작 인생은 내가 예상하지 못한 방향으로 나를 이끌어 가곤 했다.

한때는 철저한 계획을 세우고 목표를 향해 나아가려 했다. 하지만 아무리 노력해도 세상은 내 뜻대로 움직이지 않았다. 처음에는 좌절했지만, 나중에 보니 그 실패가 더 나은 방향으로 가기 위한 과정이었다.

계획대로만 살았다면, 아마 익숙한 세계 안에서만 머물며 더 좋은 기회를 놓쳤을지도 모른다.

처음에는 실수라고 여겼던 경험이 시간이 지나 소중한 기회로 바뀌기도 하고, 예상하지 못했던 만남이 인생의 전환점이 되기도 한다.

원하는 길이 막혔을 때, 더 좋은 길이 열린 적도 많았다.
우물 안에서만 살았다면 절대 알지 못했을 일들이, 내 삶을 더 깊고 넓게 만들어 주었다.

이제는 계획대로 되지 않는다고 두려워하지 않는다.

오히려 그것이 더 좋은 방향으로 가는 신호일지도 모른다. 우물 안 개구리처럼 작은 세계에 갇히는 대신, 예상 밖의 변수들을 기회로 받아들이며 더 넓은 세상을 경험해 보자.

4장 | 노력의 이유

"지금 쓰지 않은 노력은 영원히 쓰지 못할 노력이다."

어릴 때는 '열심히 하면 된다'라고 믿었다. 노력하면 반드시 보상받는다는 단순한 논리였다. 하지만 살다 보니 그게 전부는 아니었다. 노력한다고 다 되는 건 아니었고, 운이 따라야 할 때도 있었고, 때론 내 방식이 틀려서 성과가 안 날 때도 있었다. 그렇다면 어떻게 해야 할까?

한때 나는 더 효율적으로 일하는 방법을 고민했다. 적은 노력으로 더 큰 결과를 내는 것이야말로 최고의 방법이라고 생각했다. 하지만 그런 방식으로 접근하다 보니, 점점 노력을 줄이려는 방향으로만 사고가 흘렀다.

'이건 굳이 안 해도 되지 않을까?'

'최소한만 해도 괜찮겠지?'

처음에는 불필요한 일을 정리한다고 생각했지만, 나 자신에게 가장 중요한 노력마저 줄이고 있었다. 그렇게 계속 줄이다 보니, 어느새 멈춰 있었다. 그리고 깨달았다.

"노력을 줄이는 것만 생각하면, 결국 아무것도 하지 않게 된다."

문득 이런 생각이 들었다.

'지금 내가 내는 성과는, 현재의 에너지와 젊음을 기반으로 한 것이 아닐까?'

'지금이야 몸이 따라주고 집중도 잘 되지만, 시간이 지나면 어떨까?'

같은 결과를 내기 위해 더 큰 노력이 필요해질 수도 있다. 젊었을 때의 100의 노력으로 100의 결과를 냈다면, 나이가 들면 같은 결과를 위해 150, 200의 노력이 필요할 수도 있다. 그렇다면, 당장의 효율성을 따지며 노력을 줄이는 게 과연 옳을까?

그래서 나는 결론을 내렸다. **노력을 줄이는 대신, 나는 지금 쏟을 수 있는 최댓값을 유지하며, 결과를 키우기로.** 적게 일하고 많이 버는 방법을 고민하는 대신, 건강을 해치지 않는 범위에서 최대한 집중하고, 더 많은 것을 얻을 방법을 찾기로 했다.

그것이 결국, 성공으로 가는 길이라 믿는다.

5장 | 선택과 결과

"완벽한 길은 없지만, 완성할 수는 있다."

우리는 종종 선택 앞에서 멈춘다. '이게 맞을까?', '혹시 나중에 후회하게 되진 않을까?' 끝없이 고민하다가 아무것도 결정하지 못한 채 시간을 흘려보낸 경험은 누구에게나 있을 것이다.

우리는 '올바른 선택', '후회 없는 결정'이라는 말에 익숙하게 길들어져 있다. 가능한 한 신중해야 하고, 실수는 피해야 한다고 배워왔다.

하지만 인생을 살아가다 보면 완벽한 선택이라는 건 존재하지 않는다는 사실을 깨닫게 된다. 신중하게 고민해서 내린 결정이 예상 밖의 문제를 만들기도 하고, 충동적으로 내린 선택이 뜻밖의 기회를 가져다주기도 한다.

선택은 결과를 약속하지 않는다. 결과는 내가 선택한 후에 '어떻게 행동하느냐'에 따라 달라진다. **중요한 건 선택의 정확성이 아니라, 그 선택을 '나의 것'으로 만들어 가는 과정이다.**

 우리는 살아가며 끊임없이 선택하고, 그 선택을 통해 경험을 쌓는다. 그 과정이 쌓여 나만의 길이 된다. 그러니 어떤 선택이든 두려워하지 않아도 된다. **실수해도 괜찮다. 그 실수에서 배우고, 판단력을 키우면 된다.**

 길을 정하는 것은 '선택'이지만, 길을 만드는 것은 '태도'다.

6장 | 꾸준함의 비결

"사자는 굶어 죽을까 두렵고, 가젤은 잡아먹힐까 두렵다."

사람들은 흔히 말한다. 꿈을 생생히 그리면 이루어진다고. 매일 성공을 떠올리고, 간절하게 바라면 언젠가는 닿는다고. 하지만 나는 가끔 그런 생각에 의문이 든다.

"정말 바라는 마음만으로 삶이 달라질 수 있을까?"

생각해 보면, 꾸준함을 버텨내는 사람들 중엔 '정말 하고 싶은 게 있어서' 시작한 사람보다, '절대 다시 돌아가고 싶지 않은 곳이 있어서' 뛰는 사람들이 더 많다.

어릴 적, 나는 개를 무서워했다. 나보다 훨씬 큰 개가 내게 달려오던 어느 날, 나는 머리로 생각할 틈도 없이 도망치기 시작했다. 두 다리에 힘이 들어가지 않을 만큼 달렸고, 결국 넘어졌다. 그 순간 나는 아프다는 감각보다 '잡히면 물린다'라는 공포에 지배당했다.

지금 생각해 보면 그건 하나의 본능이었다.

꾸준함이라는 건 결코 쉬운 일이 아니다. 하루의 기분, 몸의 상태, 외부 환경에 따라 흔들리는 게 사람이다.

그럼에도 꾸준함을 이어가는 사람들은 공통적으로 두 가지 힘이 있다. 하나는 이루고 싶은 '당근', 그리고 또 하나는 절대 돌아가고 싶지 않은 '채찍'이다.

당근은 희망이다. 성취 이후의 보상, 하고 싶은 일, 이루고 싶은 삶. '이걸 하면 뭔가 될 거야'라는 희망은 사람을 움직인다. 하지만, 희망만으로 꾸준함을 유지하기란 어렵다.

채찍은 공포다. 실패의 기억, 생존의 압박, 가난에 대한 공포, 책임감이라는 무게. '다시는 그렇게 살 수 없다'라는 마음이, 오히려 더 강한 추진력을 만든다.

실제로 성실한 사람들, 꾸준히 일하는 사람들을 보면 그들의 동기엔 꼭 이 채찍이 자리하고 있다. 간절함보다 깊은 감정. 다시는 돌아가고 싶지 않은 마음. 그건 공포라는 이름의 연료다.

성공은 반짝이는 아이디어가 아니라, 그 아이디어를 매일 반복할 수 있는 꾸준함에서 나온다. 그리고 그 꾸준함은 **희망과 공포라는 두 가지 연료를 통해 이어진다.**

7장 | 성공과 실패

**"발끝이 땅을 떠날 때마다,
그녀는 실패를 향해 날아간다."**

완벽은 실패다.

완벽이란, 처음부터 도달할 수 없는 목표다. 모든 것을 갖추고 더는 나아질 필요가 없는 상태. 그런 정점은 인간에게 존재하지 않는다. 그래서 완벽을 추구한다는 건, 결국 실패를 반복하겠다는 뜻과 다르지 않다.

하지만 이상하게도, 우리는 여전히 그 완벽을 향해 걷는다. 실패할 걸 알면서도 멈추지 않는다.

그 이유는 분명하다. **완벽은 도달하는 결과가 아니라, 끊임없이 추구해야 할 방향이기 때문이다.**

그렇다면 성공은 뭘까?

많은 사람들이 그 단어에 매달린다. '성공했다'라는 개념에 인생의 무게를 실으려 한다.

하지만 곱씹어 보면, 성공은 방향이 아니다. 그저 현재의 상태를 정지시켜 놓은 하나의 말일 뿐이다. 성공은 실패라는 흐름 속에서 잠시 일정한 기준을 충족시킨 구간에 붙여진 이름이다. 시작과 끝이 임의로 설정되고, 그 사이를 설명하기 위해 사람들은 '성공'이라는 말을 꺼낸다. 그것은 흘러가 버린 과거를 설명하기 위한 죽은 언어다. 그 말이 입에 오르는 순간, 그 성공은 이미 지나가 버렸다.

진짜 살아 있는 건 실패다. 실패는 멈추지 않고 흐른다. 모든 시도는 실패를 끼고 이어지고, 그 실패들이 겹치고 쌓이면서, 비로소 하나의 방향이 만들어진다.

언젠가 한 무용수의 인터뷰를 우연히 보게 됐다. 그녀는 세계적인 무대에 서는 무용수였고, 수십 년간 오직 춤 하나만을 위해 살아온 사람이었다.

기자는 물었다.
"완벽한 무대를 해 본 적 있나요?"

그녀는 고개를 저었다.

"아니요. 그런 건 없어요."

잠시 멈췄던 그녀는 이내 아주 단순하게 말했다.

"그걸 알면서도 매일 연습해요. **완벽에 닿지 못할 걸 알지만, 그걸 향해 가는 그 시간 자체가 저를 살아 있게 만들어요.**"

그녀는 완벽한 순간을 한 번도 경험하지 못했지만, 그 완벽을 향해 실패하는 수천 번의 움직임 안에서 자신이 존재하고 있음을 느꼈다고 말했다.

그녀는 매일 실패하고 있었다. 그러나 그 실패가 있었기에 무대는 계속됐고, 그 실패를 반복했기에 그녀의 예술은 살아 있었다.

그 순간 나는 깨달았다. 우리는 완벽을 향한 실패 속에서 자신을 계속 구성해 간다.

완벽은 손에 닿지 않는 이상이다. 가까워질 수는 있어도, 결코 도달할 수는 없다. 그리고 우리는 그 '도달할 수 없음'을 향해 나아가며 자신만의 궤적을 '실패'라는 이름으로 남긴다.

그래서 실패는 시도를 멈출 이유가 아니다. 실패는 그 자체로 우리를 꺾는 것이 아니라, 우리가 아직 멈추지 않았다는 신호일 뿐이기 때문이다.

완벽은 실패한다. 성공은 멈춘 말이다. 그러나 시도는 여전히 실패라는 이름으로 흐르고 있다. 우리는 그 시도 속에서 살아 있는 것이다.

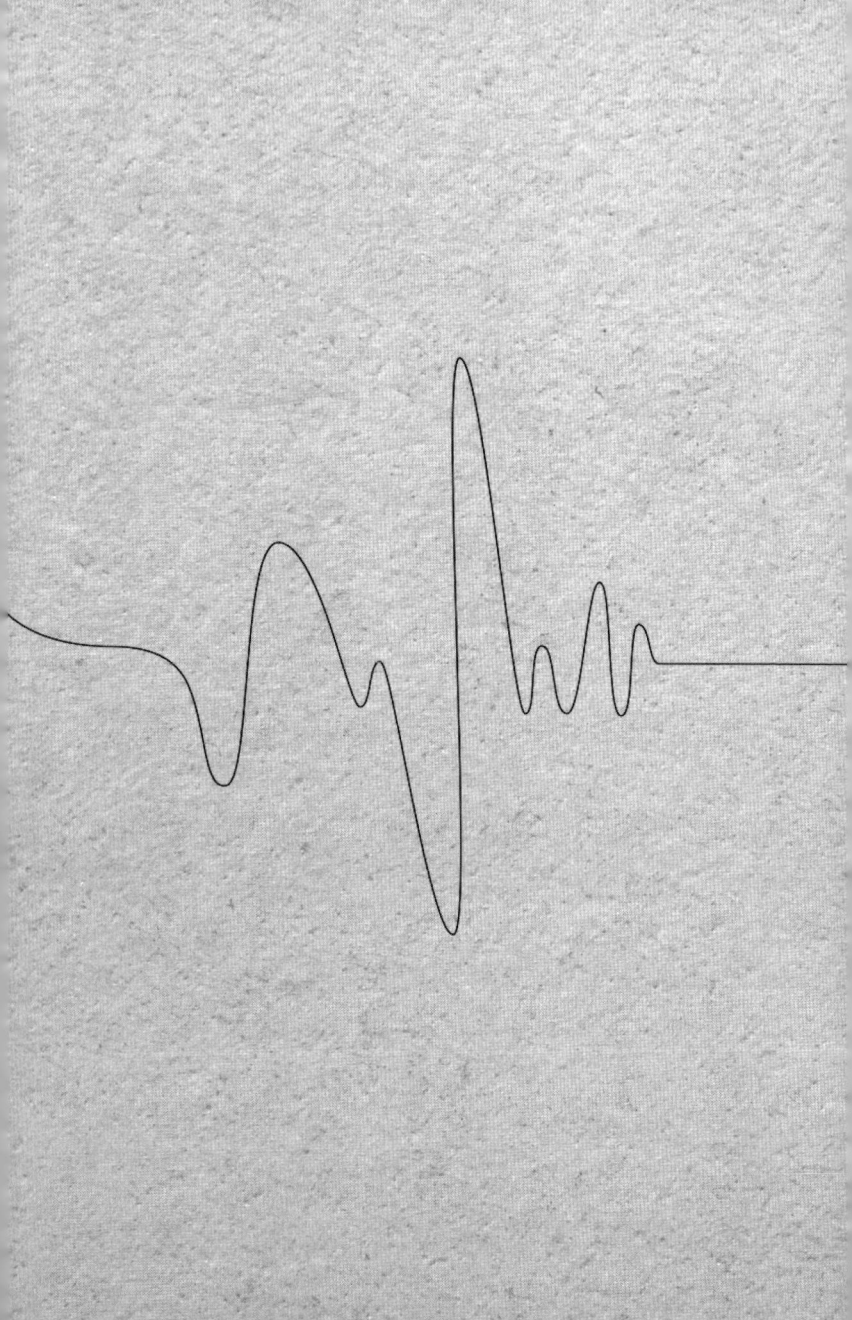

6장

건강

1장 | 버텨줘 내 몸아

"쉼 없이 달리는 건 도약이 아니라 낙하다."

어느 날부터 내 삶은 완벽한 상승곡선을 그리는 듯했다. 개인 트레이너로 일하는 나는 날마다 새로운 회원들이 늘었고, 입소문이 나면서 수업 일정이 꽉 찼다. 한창 잘나가고 있을 땐 '이 기회에 더 벌어야 한다'라는 생각에, 아침 7시부터 밤 11시까지 쉬는 틈 없이 달렸다. 주말도 예외가 없었다.

처음에는 힘들어도 열정으로 버텨냈다. 회원님들이 늘수록 수입도 빠르게 늘었고, 쌓여가는 통장 잔고를 보면 피로쯤은 아무것도 아니라고 여겨졌다. 그렇게 바쁘게 스케줄을 채울수록, 스스로에게 뿌듯함과 자부심이 생겼다.

그러나 몸이 보내는 작은 신호를 애써 무시하고 있었다.

'어제 잠을 덜 잤지만, 오늘까진 괜찮겠지', '점심은 사과로 때우고, 저녁에 제대로 먹으면 되겠지'와 같은 생각으로 넘어갔다. 며칠 쉬면 회복될 거라 믿었다.

 하지만 일이 잘될수록 더 욕심이 났고, 나를 챙기는 시간은 점점 사치처럼 느껴졌다. 약속이 빌 틈이 없었고, 혹시 빈 시간이 생기면 추가 수업을 잡았다. 그렇게 몸을 혹사한 끝에 결국 '한계'를 맞이하고 말았다.

 그날 아침, 온몸이 무거웠다. 단순히 '피곤하다' 정도가 아니라, 뼛속까지 납덩이처럼 가라앉는 기분이었다. 그래도 '오늘 예약된 수업이 몇 갠데, 취소할 순 없어'라는 의무감과 욕심에 억지로 일어났다. 근데 시간이 지날수록 집중력이 흐트러지고, 시세 시범을 보이는 간단한 동작마저 버차게 느껴졌다. 그러다 갑자기 눈앞이 흐려졌고 결국 쓰러져버렸다.

 병원에 실려 가 진단을 받았을 땐 이미 심한 과로 상태였다. 고열과 몸살이 겹쳐 3주를 침대에 누워 지내야 했다. 누워 있는 동안 머리를 스치는 생각은 딱 하나였다.

'아무리 성공해도 몸이 무너지면 끝이구나.'

그렇게 가장 잘나갈 때, 나는 반대로 가장 깊이 무너져버렸다. 더 많은 성과를 내고 싶어 쉼 없이 달렸지만, 돌아온 건 병상에서의 공백이었다.

침대에 몇날 며칠을 누워 있은 후에야 깨달았다. 꾸준히 성장해 나가려면 휴식과 관리는 선택이 아닌 필수라는 것. 그리고 순간적인 속도와 성과는 착각일 수 있으며, 결국 지속이 진짜 실력임을.

잠깐의 속도로 얻는 성과가 아무리 달콤해도, 몸이 망가지면 한순간에 모든 것을 잃을 수 있다. 오히려 속도를 줄이고 쉬면서, 오래도록 달릴 수 있는 지속가능성을 만들어 가는 것이야말로 진짜 실력이었다.

성과가 웃을 때 내 몸이 울지 않으려면, 그 균형점을 찾는 노력이 필요하다.

지금도 종종 달리고 싶은 충동이 생긴다. '지금이 기회야!'라는 마음에 다시 무리하고 싶은 순간이 있다

그때마다 병상에서 지켜보던 창문 밖 햇살을 떠올린다. 성공이란 게 과연 무엇인지, 쉬지 않고 질주하는 게 정말 나에게 좋은 일인지 되짚게 된다.

2장 | 방전된 배터리

"피로는 사라지지만, 균열은 그 자리에 남는다."

"충분히 쉬면, 다시 예전처럼 돌아올 수 있을까?"
 과로로 쓰러진 후, 제일 먼저 떠오른 생각이었다. 몸이 힘들면 쉬면 되고, 에너지가 떨어지면 다시 채우면 될 줄 알았다. 하지만 그건 생각처럼 간단하게 해결되지 않는 문제였다.

 건강은 마치 방전된 배터리 같았다. 완전히 소진되고 나니, 다시 충전해도 예전처럼 오래 버티지 못했다. 과로가 남긴 흔적은 단순한 피로가 아니었다. 깊은 균열이었다.

 쓰러진 이후에 건강을 제대로 챙기기로 했다. 8시간은 꼭 자고, 끼니를 거르지 않았고, 무리한 운동도 멈췄다. 주말까지 일하던 습관도 버리고, 일요일은 무조건 쉬기로 했다. 몸을 회복시키는 걸 가장 중요한 '일'로 삼았다.

처음엔 분명 좋아졌다. 수면은 규칙을 되찾았고, 식사는 습관이 됐다. 몸이 한결 가벼워졌고, 나는 다시 예전처럼 살아갈 수 있다고 생각했다.

하지만 시간이 지나면서, 그게 착각이었음을 알게 됐다. 조금만 무리해도 피로가 훅 밀려왔고, 한 번 무너지면 회복에 며칠이 걸렸다. 몸이 예전보다 훨씬 쉽게 지치고, 회복엔 더 긴 시간이 필요했다. 머리는 자주 흐릿했고, 아무것도 집중되지 않는 날이 늘었다.

몸이 달라졌다는 걸 부정할 수 없었다. 이전처럼 하루를 알차게 채우고 싶었지만, 이제는 몸이 먼저 멈추라고 말하는 것 같았다. 아니, 말하는 게 아니라, 나를 확실하게 멈춰 세웠다.

그제야 알게 됐다. 건강은 언제든 되돌릴 수 있는 것이 아니라는 걸.

한 번 무너진 몸은, 완전히 같은 모습으로 돌아오지 않는다. 방전된 배터리는 다시 충전해도, 예전만큼 오래가지 않는다.

건강도 그렇다. 그러니 건강이 무너지기 전에, 제대로 회복하는 시간을 가져야 한다.

3장 | 그림의 떡

"성공은 성취하는 순간이 아니라,
누리는 순간에 완성된다."

"성공하면 뭐든 할 수 있을 거야."
 그동안 그렇게 생각했다. 바쁘게 일하면서도, 언제든 원하면 여행도 가고, 좋은 곳에서 맛있는 것도 먹고, 즐기고 싶은 걸 마음껏 누릴 수 있을 거라 믿었다. 성공하면 내 삶이 더 자유로워질 거라고 확신했다. 그리고 마침내, 쉴 수 있는 여유가 생겼다.

 건강을 어느 정도 회복했고, 일도 조정하면서 오랜만에 긴 휴가를 낼 수 있었다. 그동안 돈 쓸 시간 없이 일만 했으니, 모아둔 돈으로 제대로 된 여행을 떠나기로 했다.

 목적지는 유럽이었다. 바르셀로나, 파리, 스위스를 거치는 여행을 짰다. 편안하게 즐기기 위해 숙소는 편의시설이 잘 갖춰지고, 관광지와 가까운 곳으로 잡았다. 맛집도 가격을 크게 신경 쓰지 않고 찾아두었다.

'제대로 힐링하고 오자!'

그렇게 기대를 가득 안고 여행을 시작했는데, 비행기에서 내리는 순간부터 예상은 완전히 어긋났다.

10년 전에 여행할 때는 12시간 비행 후에도 곧장 거리를 걸었다. 그땐 피로도 여행의 일부였고, 쉬면 다시 일어날 수 있었다.

하지만 이번엔 달랐다. 숙소에 도착하자마자 몸이 무거워 침대에 쓰러졌다. 비행기를 탄 것 자체로도 온몸에 피로가 몰려왔다.

결국 그날은 아무것도 하지 못한 채 하루 종일 잠만 잤다. 그리고 첫날부터 시작된 피로는 여행 내내 회복되지 않았다.

대학 시절, 밤늦게까지 거리를 걷고도 아침이면 다시 움직일 수 있었던 그 몸은 없었다. 이번엔 반나절만 돌아다녀도 쉽게 지치고, 목까지 처지는 느낌이었다. 하루걸러 하루는 꼭 숙소에서 쉬어야만 했다.

조건은 더 나아졌다. 더 좋은 숙소, 더 여유로운 일정, 더 풍족한 여건. 그런데 정작 내 몸이 여행을 감당하지 못했다.

그 순간, 마음 깊은 곳에서 묘한 허무함이 밀려왔다. 노력의 결과를 온전히 느낄 수 없는 나 자신이 낯설었다. 나는 그동안 무엇을 위해 그렇게 바쁘게 살아왔을까.

마지막 날, 숙소에 누워있으며 깨달았다. 아무리 좋은 것을 가져도, 내 몸이 따라주지 않으면 그 모든 것이 무용지물이라는 걸.

몸이 없으면 아무것도 누릴 수 없다. **성공은 단순히 원하는 것을 성취하는 것이 아니라, 그 성공을 견딜 수 있는 몸, 누릴 수 있는 몸을 함께 준비하는 일이다.**

4장 | 루틴

"삶의 형태를 유지하면, 다시 일어설 수 있다."

우리는 살면서 무너지는 경험을 반복한다. 어떤 날은 실망으로, 또 어떤 날은 무절제한 삶 속에서, 혹은 몰아치는 일들 속에서 휘청이며 무너진다. 무너지는 이유는 제각각이고, 그 대부분은 피할 수 없다. 삶은 예측보다 늘 거칠고, 우리는 그 안에서 겨우 중심을 잡는다.

그래서 중요한 건 어떻게 다시 추스르고 일상으로 돌아오느냐이다. 그 과정에서 가장 조용하지만, 강력한 역할을 하는 것이 바로 루틴이다. **그리고 그 루틴이 무너질 때, 우리는 회복하는 힘을 잃기 시작한다.**

삶이 무너지고 있다는 신호는 일상 속 가장 사소한 것부터 시작된다. 침대 정리, 아침 커피, 빨래, 샤워, 양치, 문자 답장....... 이런 사소한 부분을 미루기 시작한다.

나도 그랬다. 겉으로는 멀쩡해 보였고, 그럭저럭 잘 지내는 척을 했다. 하지만 어느 순간부터, 나 역시 그 작은 루틴들을 하나씩 놓치고 있었다. 처음엔 대수롭지 않게 넘겼지만, 돌아보니 그게 무너짐의 시작이었다.

정신적으로는 괜찮다고 착각하던 날들 속에서, 나는 이미 침대 속에 파묻혀 있었다. 샤워는 내일 하기로 미루고, 창문은 어차피 닫을 거니까 안 열었고, 커피를 내릴 힘조차 없어서 찬물 한 컵으로 아침을 때웠다. 그렇게 루틴은 사라졌고, 나는 무너지기 시작했다.

눈에 띄진 않았지만, 조용히 부서지고 있었다. 그러면서도 이상하게, 나는 계속해서 '별일 없는 사람'처럼 굴었다. '그냥 좀 피곤한 거겠지', '요즘 다 이런 거겠지'라고 넘겼다.

사실은 내가 무너지고 있다는 걸 알면서도, 모른 척했다. 루틴이 사라진 걸 알아차리면서도 '괜찮아. 내일은 할 수 있겠지'라며 스스로를 속였다. 그게 몇 번이고 반복되다 보니, 어느새 아무것도 하지 않는 게 익숙해졌다. 그저 하루를 견디는 데 급급해졌고, 견디는 것조차 무의미하게 느껴지기 시작했다.

딱히 눈물도 안 났고, 무언가가 폭발한 것도 아니었다. 그저 조금씩 멈춰갔고, 조금씩 무너져갔다. 그리고 그 끝에 남은 건 깊은 무기력함뿐이었다.

어느 날 아침, 눈을 떴는데, 방 안의 공기가 유독 답답했다. 설거지는 쌓여 있었고, 빨래는 세탁기에 쌓이다 못해 넘쳐 흘렀다. 책상 위에는 과자봉지와 음료수 캔이 가득했다. 그 순간, 머릿속에 든 생각은 단 하나였다.

'이렇게 계속 살 순 없겠다.'

그래서 아주 작게 반항했다. 먼저, 이불을 정리했다. 생각보다 별로 시간이 걸리지도 않았다. 그다음 창문을 열었다. 찬 공기가 들어왔고, 먼지 섞인 햇빛이 들어왔다. 나는 그 바람을 맞으면서 괜히 한숨을 길게 쉬었다.

그게 시작이었다. 아침엔 커피를 내렸고, 간단히라도 아침을 먹었다. 그렇게 아주 작게 움직이기 시작한 그날 이후, 나는 매일 아침 이불을 정리하고, 커피를 내리고, 창문을 연다. 그리고 그 루틴을 하나씩 쌓아가며, 다시 일상을 되찾기 시작했다.

다음 날엔 설거지를 시작했고, 그다음 주엔 방바닥에 굴러다니던 빨래를 세탁기에 넣었다. 몸이 움직이자, 마음도 조금씩 따라왔다. 여전히 우울했고, 여전히 피곤했지만, 아주 미세하게 리듬이 생기기 시작했다.

물론 기적 같은 변화는 없었다. 여전히 일은 벅찼고, 마음은 지쳤다. 하지만 루틴을 지킨 날은 그렇지 않은 날보다 덜 무너졌다.

루틴은 마치, 내가 나를 위해 그어 놓은 가이드라인 같았다. 삶이 망가지지 않게, 감정이 흘러내리지 않게, 나를 붙잡아주는 작고 조용한 선. 그 평범하고 반복되는 것들이 나를 구했다.

루틴이 생기면, 삶의 리듬이 생긴다. 이 리듬의 안정성은 감정의 낭비를 줄이고, 집중할 때까지 걸리는 시간을 줄여준다.

특히 루틴은 예측이 가능한 세계를 만든다. 그리고 예측 가능성은 나의 '불안 회로'를 진정시키는 가장 확실한 도구다. 아침에 침대를 정리하는 것 하나로도, 내가 오늘 하루를 통제하고 있다는 착각을 줄 수 있다.

그리고 그 착각이, 나를 다시 살아가게 만든다.

마음이 힘들 때 나를 지켜주는 건, 내 의지보다 내 몸이 기억한 루틴이었다. 버틴다는 건 거창한 결단이 아니라, 사소한 습관의 반복일지도 모른다.

오늘도 어제처럼 커피를 내리고, 같은 동선으로 산책을 하고, 같은 시간에 불을 끄는 것. 그것만으로도, 우리는 삶을 지켜낼 수 있다.

루틴은 나를 나로서 존재할 수 있게 도와주는 조용한 방패다.

7장

인생

1장 | 버틴다는 것

"지금은 빛나지 않아도 괜찮다.
뿌리는 어둠 속에서 자라는 법이니까."

어떤 씨앗이든, 싹을 틔우기 전에 먼저 땅속에서 뿌리를 내린다. 겉으로는 아무 변화도 없어 보이지만, 보이지 않는 곳에서는 이미 자라고 있다. 그 과정을 건너뛰면, 금세 싹은 시들고 만다.

살다 보면 문득 멈춰 있는 기분이 들 때가 있다.

'지금 나는 아무것도 못하는 걸까?'

앞으로 나아가지 못하는 것처럼 느껴지고, 눈에 띄는 결과가 없을 때 조급함이 밀려온다.

하지만 모든 성장은 처음부터 드러나지 않는다. 눈에 보이지 않는 시간 속에서, 조용히 힘을 기르는 과정이 반드시 있어야 한다.

나무가 위로 뻗어나가기 위해서는, 먼저 땅속 깊이 뿌리를 내려야 한다.

버틴다는 건 단순히 멈춰 있는 것이 아니다. 보이지 않는 아래로, 더 깊이 자라고 있다는 뜻이다. 그 시간이 지나야 비로소, 세상 위로 줄기가 서고 변화가 보이기 시작한다.

어느 시기까지는 여기저기 움직이며 다양한 경험을 쌓는 게 중요하다. 하지만 언젠가는 한자리에 뿌리를 내리고, 중심을 세워야 할 때가 온다.

그때는 겉으로 보이는 성장보다 내면의 힘을 기르는 일이 훨씬 더 중요하다는 걸 알게 된다.

빨리 자라고 싶은 마음이 들 때도 있다. 열매를 맺고 싶은 욕심이 밀려올 때도 있다. 하지만 뿌리가 단단하지 않으면, 조금만 흔들려도 쉽게 쓰러지고 만다.

지금은 땅속에서 자라는 시간이다. 겉으로는 고요하지만, 안에서는 계속 깊어지고 있다. 이 시간을 견뎌내지 않으면, 앞으로 튼튼한 줄기를 세울 수 없고, 풍성한 잎을 펼칠 수도 없다.

흔들릴 때도 있을 것이다. **하지만 뿌리가 있다면 다시 일어설 수 있다.** 그리고 언젠가, 뿌리가 충분히 깊어지고 나면 줄기는 자연스럽게 뻗어나가고, 꽃이 피고, 열매가 맺힐 것이다. 그러니 지금은 눈에 보이지 않는 성장을 믿어야 할 때다.

나무가 뿌리를 깊이 내릴수록 더 높이, 더 단단하게 자란다.

2장 | 어떻게 살아야 할까?

"나는 열다섯에 배움을 뜻했고, 서른에 자립했으며, 마흔에는 미혹되지 않았고, 쉰에 천명을 알았으며, 예순에 말이 거슬리지 않았고, 일흔에는 마음대로 해도 도를 넘지 않았다." - 《논어》 위정 편

10대와 20대의 나는 씨앗 같았다. 여기저기 돌아다니며, 어디에 뿌리를 내려야 할지 고민했다. 무엇이 되고 싶은지, 어떤 삶을 살고 싶은지 정해지지 않았기에 다양한 경험을 하고, 새로운 사람들을 만나고, 끊임없이 움직였다.

30대에 접어들면서부터, 더 이상 세상의 흐름에 흔들리지 않는 나만의 중심을 잡고 싶어졌다. 이제는 내가 어느 곳에서 살지 고민하는 것이 아니라, 뿌리를 내릴 곳을 고르고 정해야 할 시기가 왔다는 것이 느껴졌다.

눈에 보이는 성과에 조급해지기도 하고, 빨리 위로 뻗어나가고 싶어 초조해질 때도 있지만, 지금은 지상으로 줄기를 뻗어내는 것 보다, 내면으로 지혜와 능력을 뿌리를 내리는 과정에 집중해야 할 때라는 것을 알고 있다.

40대에는 내 뿌리가 충분히 단단해지면, 깊이 내린 뿌리를 믿고 하늘로 뻗어나갈 것이다. 흔들리지 않는 줄기를 세우고, 견고한 가지를 만들어 풍성한 잎을 펼칠 것이다.

50대에는 줄기가 튼튼해지고, 마침내 열매를 맺을 것이다. 한때는 그저 어린나무였던 내가, 누군가에게 의미 있는 열매를 줄 수 있는 존재가 될 것이다.

60대가 되면, 내가 맺은 열매를 필요한 이들에게 나눠줄 것이다. 더위에 지친 사람들에게 그늘이 되어 주고, 비를 피할 곳이 없는 이들에게 안식처가 될 수도 있다. 내가 걸어온 길이 누군가에게는 '쉼터'가 될 수도 있을 것이다.

그리고 70대 이후가 되면, 줄기를 나누어 누군가의 땔감이 되어 주고, 그루터기가 되어 사람들이 쉬어 갈 수 있도록 남아 있을 것이다.

이렇게 인생의 주기에 맞게 성장하고 나이 들어간다면, 삶의 마지막 순간, 나는 후회 없는 얼굴로 편안하게 눈을 감을 수 있을 것 같다.

Epilogue

"버티는 것 자체가
삶의 일부가 된 우리에게"

"오늘도 숨 쉬고 있다면, 잘하고 있는 거다."

처음엔 버티는 게 일시적인 줄 알았다. 조금만 지나면, 더 이상 버티지 않아도 되는 날이 올 거라 믿었다.

하지만 시간이 지날수록 알게 된다. 삶이란 본래 그런 것이고, 우리는 늘 무언가를 버티며 살아간다는 걸.

어릴 땐 학교의 틀을, 20대엔 끝없는 비교와 경쟁을, 30대엔 현실을 버티고, 그 이후에도 우리는 고독과 후회, 불안, 책임 같은 것들을 계속 견디게 된다.

그리고 아마 앞으로의 인생도 지금처럼, 무너지기 전까지 버티고, 결국 무너지고, 다시 일어서기를 우리는 끝없이 반복할 것이다.

삶은 매번 선택의 연속이라지만, 실상 대부분의 날들은 선택이 아니라 감당이다.

하고 싶어서 하는 일이 아니라, 어쩔 수 없어서 해야만 하는 일들. 그렇게 하루를 넘기고 또 넘기다 보면, 인생은 거대한 인내의 기록이 된다.

버틴다는 건 영화처럼 빛나지도, 아름답게 포장되지도 않는다. 그저 오늘을 겨우 내일로 밀어내는 힘. 하지만 그 단순한 반복이, 문득 돌아보면 우리 삶의 전부가 되어 있다.

가끔은 누군가 묻는다.

"그렇게까지 버틸 필요가 있어?"

그럴 때 나는 거의 중얼거리듯 말한다.

"별수 있나, 버텨야지."

그건 희망이라기보다는 본능에 가깝고, 의지라기보다는 체념과도 닮았다. 하지만 그 시간은 절대 헛되지 않다.

눈부신 성취가 없었더라도, 대단한 변화 없이 그저 하루하루를 놓지 않고 이어온 그 끈. 그 끈이 지금의 당신을 여기까지 데려온 것이다.

무너지지 않았다는 게 아니다. 무너졌어도 다시 일어났다는 것, 그게 당신이 살아왔다는 가장 단단한 증거다.

오늘 여전히 숨을 쉬고 있다면, 당신은 제대로 잘살고 있는 거다.

그건 단순한 생존이 아니라, 포기하지 않았다는 가장 솔직한 증명이다.

이 책을 끝까지 쓴 나도, 그리고 이 책을 끝까지 읽은 당신도 버티는 것을, 삶에 대한 사랑을, 그리고 내일을 포기하지 않을 것을 안다.

그러니 힘들어도, 지루해도, 막막해도, 울컥해도.

별수 없다. 끝까지 버텨보자.

별 수 있나,
버텨야지

1쇄 초판 2025년 7월 30일

지은이 | 유 강
펴낸이 | 한예지
디자인 | 한예지
표지 일러스트 | 유 강

펴낸곳 | 온화
등록번호 | 제2024-000016호
등록일자 | 2024년 7월 8일

이메일 | onhwabook@naver.com
팩스 | 0504-320-7406

ISBN | 979-11-988579-7-2 (03810)

저작권법에 따라 무단 전재와 복제를 금지하며, 도서 내용의 전부 또는 일부를 이용하려면 반드시 저작권자와 출판사의 서면 동의를 받아야 합니다.

파본은 구입하신 서점에서 교환해 드립니다.